高中思想政治
课程教学设计研究

韩福友　范洪卫　张秀东 ◎ 主编

辽宁人民出版社

ⓒ韩福友　范洪卫　张秀东　2022

图书在版编目(CIP)数据

高中思想政治课程教学设计研究 / 韩福友,范洪卫,
张秀东主编. — 沈阳:辽宁人民出版社,2022.12
ISBN 978-7-205-10596-9

Ⅰ.①高… Ⅱ.①韩… ②范… ③张… Ⅲ.①政治课
－教学设计－高中 Ⅳ.①G633.202

中国版本图书馆 CIP 数据核字(2022)第 194243 号

出版发行:辽宁人民出版社
　　　　　地址:沈阳市和平区十一纬路25号　邮编:110003
　　　　　电话:024-23284321(邮　购)　024-23284324(发行部)
　　　　　传真:024-23284191(发行部)　024-23284304(办公室)
　　　　　http://www.lnpph.com.cn
印　　刷:辽宁新华印务有限公司
幅面尺寸:170mm×240mm
印　　张:14.25
字　　数:200千字
出版时间:2022年12月第1版
印刷时间:2022年12月第1次印刷
责任编辑:张天恒　王晓筱
装帧设计:中知图印务
责任校对:刘再升
书　　号:ISBN 978-7-205-10596-9
定　　价:57.00元

前 言
PREFACE

高中思想政治课程是学校德育教育的主导渠道,育人始终是学科教学的终极目标。高校思想政治课程以社会主义物质文明、政治文明、精神文明建设常识为基本内容,引导学生紧密结合与自己息息相关的经济、政治、文化、哲学生活,经历探究学习和社会实践的过程,领悟辩证唯物主义和历史唯物主义的基本观点和方法,切实提高参与现代社会生活的能力,逐步树立建设有中国特色社会主义的共同理想,初步形成正确的世界观、人生观、价值观,为终身发展奠定思想政治素质基础。教育是指影响人的身心发展的社会实践活动,学生应该在这个过程中享受生命成长的快乐。

新课程背景下,高中思想政治活动课的开展和实施,不仅能实现理论和实践、活动和思维的有效结合,还能够实现课程教学内容的活动化、活动内容的课程化。本书主要对新课程背景下高中思想政治活动课的教学实践策略进行探究,旨在培养学生良好的实践意识与实践能力。创新教学设计,即随着新课程改革的进程,教师从社会、学校、学生等各个方面的因素考虑,根据新的教学理念,重新认识教学过程,掌握新的教学方法,为创设和谐的课堂而进行的创新工作。为了适应新课程和创新教育的需要，高中思想政治课程在教学设计方面也应该大胆创新，注重过程性、实践性和开放性。总之，创新教学设计要体现新课改理念，要符合现代的教学规律，教学设计无论是内容、形式、过程还是手段方面都要不断创新，这是时代的呼唤，也是时代的要求。

基于上述背景，本书围绕高中思想政治课程展开创新教学设计研究。作者结合自己多年的教学经验与课程改革的新需求，要求确立学生社会发展的统一和谐，倡导新的教育、学习、评价模式；认为教学是一个过程，是一个师生之间交往、互动的过程，并将这种过程升华；认为通过这种互动和交往，可以达到师生之间的共同发展，把学生和教师的共同发展列为对人的生命发展的一种关怀，而这种关怀更全面、更人性化，进而促进高中思想政治课程教学的不断提升和发展。基于此，作者针对高中思想政治课程的教学方法进行了大胆的创新，力求让学生更好更深入地了解并学习到更多知识。

2022 年 9 月

目 录
CONTENTS

第一章　高中思想政治课程概述

第一节　高中思想政治课程的性质及基本理念

一、正确把握新的高中思想政治课程的性质

基础教育课程承载着党的教育方针和教育思想,规定了教育目标和教育内容,是国家意志在教育领域的直接体现,在立德树人中发挥着关键作用。

面对经济、科技的迅猛发展和社会生活的深刻变化,面对新时代社会主要矛盾的转化,面对新时代对提高全体国民素质和人才培养质量的新要求,面对我国高中阶段教育基本普及的新形势,2013年教育部启动了普通高中课程修订工作。本次修订深入总结21世纪以来我国普通高中课程改革的宝贵经验,充分借鉴国际课程改革的优秀成果,将普通高中课程方案和课程标准修订成既符合我国实际情况,又具有国际视野的纲领性教学文件,构建具有中国特色的普通高中课程体系——《普通高中思想政治课程标准(2017年版2020年修订)》。

(一)高中思想政治课程的性质

《普通高中思想政治课程标准(2017年版2020年修订)》明确描述了高中思想政治课程的性质。即:

高中思想政治课程是落实立德树人根本任务的关键课程,以培育社会主义核心价值观为目的,是帮助学生确立正确的政治方向、提高思想政治学科核心素养、增强社会理解和参与能力的综合性、活动型学科课程。

高中思想政治课程紧密结合社会实践,讲授马克思主义基本原理,讲

1

授马克思主义中国化成果特别是习近平新时代中国特色社会主义思想，引导学生经历自主思考、合作探究的学习过程，理解中国特色社会主义进入新时代的历史方位，了解新时代中国特色社会主义经济、政治、文化、社会、生态文明建设和党的建设进程，培育政治认同、科学精神、法治意识和公共参与等核心素养，逐步树立共产主义远大理想和中国特色社会主义共同理想，坚定中国特色社会主义道路自信、理论自信、制度自信、文化自信，基本形成正确的世界观、人生观、价值观。

高中思想政治课程具有学科内容的综合性、学校德育工作的引领性和课程实施的实践性等特征，它与初中道德与法治、高校思想政治理论等课程相互衔接，与时事政治教育相互补充，与高中其他学科教学和相关德育工作相互配合，共同承担思想政治教育立德树人的任务。

（二）高中思想政治课程的基本理念

《普通高中思想政治课程标准（2017年版2020年修订）》提出了基本理念。即：

1. 坚持正确的思想政治方向

高中思想政治课程坚持理论与实践相结合的原则，对学生进行马克思主义基本理论教育，用习近平新时代中国特色社会主义思想铸魂育人，培养德智体美劳全面发展的社会主义建设者和接班人，使他们理解马克思主义中国化就是马克思主义基本原理同中国具体实际相结合的过程，习近平新时代中国特色社会主义思想是马克思主义中国化最新成果。

面对当前社会变革和实践创新中的新挑战、新问题，要用历史的眼光、国情的眼光、辩证的眼光、文化的眼光和国际的眼光，引领学生通过观察、辨析、反思和实践，真学真懂真信真用马克思主义，在人生成长的道路上把握正确的思想政治方向。

2. 构建以培育高中思想政治学科核心素养为主导的活动型学科课程

高中思想政治课程力求构建学科逻辑与实践逻辑、理论知识与生活关切相结合的活动型学科课程。学科内容采取思维活动和社会实践活动等方式呈现,即通过一系列活动及其结构化设计,实现"课程内容活动化""活动内容课程化"。本课程关注思想政治学科核心素养的培育,坚持教育与生产劳动和社会实践相结合,着眼于学生的真实生活和长远发展,使理论观点与生活经验、劳动经历有机结合,让学生在社会实践活动的历练中、在自主辨析的思考中感悟真理的力量,自觉践行社会主义核心价值观。

3. 尊重学生身心发展规律,改进教学方式

高中思想政治课程针对高中学生思想活动和行为方式的多样性、可塑性,着力改进教学方式和学习方式。在课程实施中,要充分利用现代信息技术,拓展教育资源和教育空间;要通过议题的引入、引导和讨论,推动教师转变教学方式,使教学在师生互动、开放民主的氛围中进行;要通过问题情境的创设和社会实践活动的参与,促进学生转变学习方式,在合作学习和探究学习的过程中培养创新精神,提高实践能力。

4. 建立促进学生思想政治学科核心素养发展的评价机制

高中思想政治课程紧紧围绕思想政治学科核心素养的形成与发展,建立激励学生不断进步的发展性评价机制。要注重学生学习、劳动和社会实践活动的行为表现,采用多种评价方式,综合评价学生的理论思维能力、政治认同度、价值判断力、法治素养和社会参与能力等,全面反映学生思想政治学科核心素养的发展状况。

二、高中思想政治课程标准修订的背景

除了充分借鉴各国关于核心素养的研究之外,党和国家的相关文件所提出的与思想政治教育有关的部分,特别是与高中思想政治课程有关的重要内容,构成了本次思想政治课程标准修订的国内背景。对此,我们主要从以下几个方面加以说明。

（一）党的十九大报告

中国共产党第十九次全国代表大会(以下简称"党的十九大")深刻分析了我国社会发展新的历史方位,提出了习近平新时代中国特色社会主义思想,对中国未来发展的阶段性任务和未来发展目标进行了科学分

析。党的十九大报告提出的许多内容,都是思想政治课程标准在落实课程设计和确定内容选择时的重要根据。

1. 新时代的历史方位及其意义

党的十九大报告提出:"经过长期努力,中国特色社会主义进入了新时代,这是我国发展新的历史方位。"对于这一时代、历史方位的理解为:中国特色社会主义进入新时代,意味着近代以来久经磨难的中华民族迎来了从站起来、富起来到强起来的伟大飞跃,迎来了实现中华民族伟大复兴的光明前景;意味着科学社会主义在21世纪的中国焕发强大生机活力,在世界上高高举起了中国特色社会主义伟大旗帜;意味着中国特色社会主义道路、理论、制度、文化不断发展,拓展了发展中国家走向现代化的途径,给世界上那些既希望加快发展,又希望保持自身独立性的国家和民族提供了全新选择,为解决人类问题贡献了中国智慧和中国方案。

中国特色社会主义进入新时代,我国社会主要矛盾已经转化为人民日益增长的美好生活需要和不平衡不充分的发展之间的矛盾。这是一个具有象征意义的重要转变,是中华民族和中国人民社会生活状态的重大变化,也是思想政治课程标准要着力体现的社会现实。

2. 习近平新时代中国特色社会主义思想的核心内容

习近平新时代中国特色社会主义思想的提出,是党的十九大的一项重要贡献。这一思想的核心内容可以概括为:明确坚持和发展中国特色社会主义,总任务是实现社会主义现代化和中华民族伟大复兴,在全面建成小康社会的基础上,分两步走在21世纪中叶建成富强民主文明和谐美丽的社会主义现代化强国;明确新时代我国社会主要矛盾是人民日益增长的美好生活需要和不平衡不充分的发展之间的矛盾,必须坚持以人民为中心的发展思想,不断促进人的全面发展、全体人民共同富裕;明确中国特色社会主义事业总体布局是"五位一体"、战略布局是"四个全面",强调坚定道路自信、理论自信、制度自信、文化自信;明确全面深化改革总目标是完善和发展中国特色社会主义制度、推进国家治理体系和治理能力现代化;明确全面推进依法治国总目标是建设中国特色社会主义法治体系、建设社会主义法治国家;明确党在新时代的强军目标是建设一支听党指挥、能打胜仗、作风优良的人民军队,把人民军队建设成为世界一流军队;明确中国特色大国外交要推动构建新型国际关系,推动构建人类命运共同体;明确中国特色社会主义最本质的特征是中国共产党领导,中国特色社会主义制度的最大优势是中国共产党领导,党是最高政治领导力量,提出新时代党的建设总要求,突出政治建设在党的建设中的重要地位。

上述内容既是对我国社会发展的理论总结,也是我国经济和社会发展的根本指南。这些内容,在普通高中思想政治课程中体现得最为直接,也最为充分。因此,本次课程标准修订必须深入研究这些内容,并在课程标准中采取恰当的方式予以呈现①。

3. 习近平新时代中国特色社会主义思想在各项工作中的落实

党的十九大报告对于习近平新时代中国特色社会主义思想的落实,特别强调:坚持党对一切工作的领导;坚持以人民为中心;坚持全面深化改革;坚持新发展理念;坚持人民当家作主;坚持全面依法治国;坚持社会主义核心价值体系;坚持在发展中保障和改善民生;坚持人与自然和谐共生;坚持总体国家安全观;坚持党对人民军队的绝对领导;坚持"一国两制"和推进祖国统一;坚持推动构建人类命运共同体;坚持全面从严治党。

这些内容都是思想政治课程的核心内容,也是在内容与主题方面体现思想政治学科核心素养的重要基础。对于这些内容,我们必须予以充分重视,才能理解思想政治课程标准中的相关内容及其现实价值。因此,应该充分认识党的十九大报告相关内容与学科理念、学科内容的关联,理解相关内容设计的时代性特征,真正从根本上理解相关表述的精神实质,为相关课程的落实提供认识基础和根据,真正在教学实践中从落实党的十九大精神的高度将素养培育落在实处。

---

①刘复兴. 坚持把服务中华民族伟大复兴作为教育的重要使命[M]. 北京:中国人民大学出版社,2021:50-65.

（二）2018年全国教育大会

在2018年9月的全国教育大会上，中共中央总书记、国家主席、中央军委主席习近平出席会议并发表重要讲话。他强调，在党的坚强领导下，全面贯彻党的教育方针，坚持马克思主义指导地位，坚持中国特色社会主义教育发展道路，坚持社会主义办学方向，立足基本国情，遵循教育规律，坚持改革创新，以凝聚人心、完善人格、开发人力、培育人才、造福人民为工作目标，培养德智体美劳全面发展的社会主义建设者和接班人，加快推进教育现代化、建设教育强国、办好人民满意的教育。

习近平总书记在讲话中指出，党的十九大从新时代坚持和发展中国特色社会主义的战略高度，作出了优先发展教育事业、加快教育现代化、建设教育强国的重大部署。教育是民族振兴、社会进步的重要基石，是功在当代、利在千秋的德政工程，对提高人民综合素质、促进人的全面发展、增强中华民族创新创造活力、实现中华民族伟大复兴具有决定性意义。教育是国之大计、党之大计。

习近平总书记强调，党的十八大以来，我们围绕培养什么人、怎样培养人、为谁培养人这一根本问题，全面加强党对教育工作的领导，坚持立德树人，加强学校思想政治工作，推进教育改革，加快补齐教育短板，教育事业中国特色更加鲜明，教育现代化加速推进，教育方面人民群众获得感明显增强，我国教育的国际影响力加快提升，13亿多中国人民的思想道德素质和科学文化素质全面提升。

习近平总书记指出，在实践中，我们就教育改革发展提出一系列新理念新思想新观点，主要有以下几个方面：坚持党对教育事业的全面领导，坚持把立德树人作为根本任务，坚持优先发展教育事业，坚持社会主义办学方向，坚持扎根中国大地办教育，坚持以人民为中心发展教育，坚持深化教育改革创新，坚持把服务中华民族伟大复兴作为教育的重要使命，坚持把教师队伍建设作为基础工作。这是我们对我国教育事业规律性认识的深化，来之不易，要始终坚持并不断丰富发展。

习近平总书记强调，新时代新形势，改革开放和社会主义现代化建设、促进人的全面发展和社会全面进步对教育和学习提出了新的更高的要求。我们要抓住机遇、超前布局，以更高远的历史站位、更宽广的国际视野、更深邃的战略眼光，对加快推进教育现代化、建设教育强国作出总体部署和战略设计，坚持把优先发展教育事业作为推动党和国家各项事业发展的重要先手棋，不断使教育同党和国家事业发展要求相适应、同人民群众期待相契合、同我国综合国力和国际地位相匹配。

习近平总书记指出，培养什么人，是教育的首要问题。我国是中国共产党领导的社会主义国家，这就决定了我们的教育必须把培养社会主义建设者和接班人作为根本任务，培养一代又一代拥护中国共产党领导和我国社会主义制度、立志为中国特色社会主义事业奋斗终身的有用人才。这是教育工作的根本任务，也是教育现代化的方向目标。

习近平总书记强调，要在坚定理想信念上下功夫，教育引导学生树立共产主义远大理想和中国特色社会主义共同理想，增强学生的中国特色社会主义道路自信、理论自信、制度自信、文化自信，立志肩负起民族复兴的时代重任。

要在厚植爱国主义情怀上下功夫，让爱国主义精神在学生心中牢牢扎根，教育引导学生热爱和拥护中国共产党，立志听党话、跟党走，立志扎根人民、奉献国家。要在加强品德修养上下功夫，教育引导学生培育和践行社会主义核心价值观，踏踏实实修好品德，成为有大爱大德大情怀的人。要在增长知识见识上下功夫，教育引导学生珍惜学习时光，心无旁骛求知问学，增长见识，丰富学识，沿着求真理、悟道理、明事理的方向前进。要在培养奋斗精神上下功夫，教育引导学生树立高远志向，历练敢于担当、不懈奋斗的精神，具有勇于奋斗的精神状态、乐观向上的人生态度，做到刚健有为、自强不息。

要在增强综合素质上下功夫，教育引导学生培养综合能力，培养创新思维。

要树立健康第一的教育理念，开齐开足体育课，帮助学生在体育锻炼中享受乐趣、增强体质、健全人格、锤炼意志。要全面加强和改进学校美育，坚持以美育人、以文化人，提高学生审美和人文素养。要在学生中弘扬劳动精神，教育引导学生崇尚劳动、尊重劳动，懂得劳动最光荣、劳动最崇高、劳动最伟大、劳动最美丽的道理,长大后能够辛勤劳动、诚实劳动、创造性劳动。习近平总书记指出,要努力构建德智体美劳全面培养的教育体系,形成更高水平的人才培养体系。要把立德树人融入思想道德教育、文化知识教育、社会实践教育各环节,贯穿基础教育、职业教育、高等教育各领域,学科体系、教学体系、教材体系、管理体系要围绕这个目标来设计,教师要围绕这个目标来教,学生要围绕这个目标来学。凡是不利于实现这个目标的做法都要坚决改过来。

习近平总书记强调,建设社会主义现代化强国,对教师队伍建设提出新的更高要求,也对全党全社会尊师重教提出新的更高要求。人民教师无上光荣,每个教师都要珍惜这份光荣,爱惜这份职业,严格要求自己,不断完善自己。做老师就要执着于教书育人,有热爱教育的定力,淡泊名利的坚守。随着办学条件不断改善,教育投入要更多向教师倾斜,不断提高教师待遇,让广大教师安心从教、热心从教。对教师队伍中存在的问题,要坚决依法依纪予以严惩。

习近平总书记指出,要深化教育体制改革,健全立德树人落实机制,扭转不科学的教育评价导向,坚决克服唯分数、唯升学、唯文凭、唯论文、唯帽子的顽瘴痼疾,从根本上解决教育评价指挥棒问题。要深化办学体制和教育管理改革,充分激发教育事业发展生机活力。要提升教育服务经济社会发展能力,调整优化高校区域布局、学科结构、专业设置,建立健全学科专业动态调整机制,加快一流大学和一流学科建设,推进产学研协同创新,积极投身实施创新驱动发展战略,着重培养创新型、复合型、应用型人才。要扩大教育开放,同世界一流资源开展高水平合作办学。

习近平总书记强调,加强党对教育工作的全面领导,是办好教育的根本保证。

教育部门和各级各类学校的党组织要增强"四个意识",坚定"四个自信",坚定不移维护党中央权威和集中统一领导,自觉在政治立场、政治方向、政治原则、政治道路上同党中央保持高度一致。各级党委要把教育改革发展纳入议事日程,党政主要负责同志要熟悉教育、关心教育、研究教育。各级各类学校党组织要把抓好学校党建工作作为办学治校的基本功,把党的教育方针全面贯彻到学校工作各方面。思想政治工作是学校各项工作的生命线,各级党委、各级教育主管部门、学校党组织都必须紧紧抓在手上。要精心培养和组织一支会做思想政治工作的政工队伍,把思想政治工作做在日常、做到个人。

习近平总书记指出,办好教育事业,家庭、学校、政府、社会都有责任。家庭是人生的第一所学校,家长是孩子的第一任老师,要给孩子讲好"人生第一课",帮助扣好人生第一粒扣子。教育、妇联等部门要统筹协调社会资源支持服务家庭教育。全社会要担负起青少年成长成才的责任。各级党委和政府要为学校办学安全托底,解决学校后顾之忧,维护老师和学校应有的尊严,保护学生生命安全。

（三）关于思想政治教育的相关要求

近年来,为落实立德树人根本任务,有关部门先后发布了若干对思想政治教育有重要影响的文件。这些文件分别聚焦培育和践行社会主义核心价值观、传承和弘扬中华优秀传统文化、法治教育以及德育工作等方面,从不同维度为高中思想政治课程标准的修订提供了参考。

1. 关于培育和践行社会主义核心价值观

2013年12月,中共中央办公厅印发了《关于培育和践行社会主义核心价值观的意见》。这一文件明确提出"富强、民主、文明、和谐、自由、平等、公正、法治、爱国、敬业、诚信、友善"这24个字是社会主义核心价值观的准确表达,并深刻说明了社会主义核心价值观与社会主义核心价值体系的关系——社会主义核心价值观是社会主义核心价值体系的内核,体现社会主义核心价值体系的根本性质和基本特征,反映社会主义核心价值体系的丰富内涵和实践要求,是社会主义核心价值体系的高度凝练和集中表达。该文件明确提出了"把培育和践行社会主义核心价值观融入国民教育全过程"的要求,并明确提出了"构建大中小学有效衔接的德育课程体系和教材体系,创新中小学德育课和高校思想政治理论课教育教学,推动社会主义核心价值观进教材、进课堂、进学生头脑"的任务。这些内容对于中学思想政治课程影响深远。2014年4月,教育部印发了《关于培育和践行社会主义核心价值观进一步加强中小学德育工作的意见》。2015年4月，中宣部、中央文明办印发了《培育和践行社会主义核心价值观行动方案》。2016年12月，中共中央办公厅、国务院办公厅印发了《关于进一步把社会主义核心价值观融入法治建设的指导意见》。这些文件都对德育课程如何培育和践行社会主义核心价值观提出了明确的要求。

　　2. 关于传承和弘扬中华优秀传统文化

　　2017年1月，中共中央办公厅、国务院办公厅印发了《关于实施中华优秀传统文化传承发展工程的意见》，提出了中华优秀传统文化的主要内容。主要包括以下方面：

　　第一，核心思想理念。中华民族和中国人民在修齐治平、尊时守位、知常达变、开物成务、建功立业过程中培育和形成的基本思想理念，如革故鼎新、与时俱进的思想，脚踏实地、实事求是的思想，惠民利民、安民富民的思想，道法自然、天人合一的思想等，可以为人们认识和改造世界提供有益启迪，可以为治国理政提供有益借鉴。传承发展中华优秀传统文化，就要大力弘扬讲仁爱、重民本、守诚信、崇正义、尚和合、求大同等核心思想理念。

　　第二，中华传统美德。中华优秀传统文化蕴含着丰富的道德理念和规范，如天下兴亡、匹夫有责的担当意识，精忠报国、振兴中华的爱国情怀，崇德向善、见贤思齐的社会风尚，孝悌忠信、礼义廉耻的荣辱观念，体现着评判是非曲直的价值标准，潜移默化地影响着中国人的行为方式。传承发展中华优秀传统文化，就要大力弘扬自强不息、敬业乐群、扶危济困、见义勇为、孝老爱亲等中华传统美德。

　　第三，中华人文精神。中华优秀传统文化积淀着多样、珍贵的精神财富，如求同存异、和而不同的处世方法，文以载道、以文化人的教化思想，形神兼备、情景交融的美学追求，俭约自守、中和泰和的生活理念等，是中国人民思想观念、风俗习惯、生活方式、情感样式的集中表达，滋养了独特丰富的文学艺术、科学技术、人文学术，至今仍然具有深刻影响。传承发展中华优秀传统文化，就要大力弘扬有利于促进社会和谐、鼓励人们向上向善的思想文化内容。

这些内容对于高中思想政治课程标准中有关中华优秀传统文化相关内容的设计具有重要的指导意义。只有深刻把握这些内容的基本内涵和价值,才能充分发挥这些内容对于学生德性涵养的积极作用,让优秀传统文化在当前背景下焕发新的光彩。

3. 关于法治教育

关于法治教育,有两个重要文件值得关注。2016年7月,教育部、司法部、全国普法办联合印发《青少年法治教育大纲》;2016年11月,教育部等九部门联合发布《关于防治中小学生欺凌和暴力的指导意见》。这两个文件关于法治教育内容和形式的规定,以及法治实践的行为指导的内容,对于高中思想政治课程标准的修订具有重要的参考作用。

在《青少年法治教育大纲》中,需要重点关注两个方面的内容。

一是青少年法治教育在高中阶段的阶段性目标:使学生较为全面地了解中国特色社会主义法律体系的基本框架、基本制度以及法律常识,强化守法意识,增强法治观念,牢固树立有权利就有义务的观念,初步具备参与法治实践、正确维护自身权利的能力。

二是青少年法治教育在高中阶段的学习内容:要在义务教育阶段教学内容的基础上,根据学生成长需要和认知能力的发展,全面拓展法律常识、法律制度的内容,有针对性地增加重要的法律知识;加大法治原则、法律理念的教学深度,增加教育教学的实践性、参与性和思辨性,结合现实案例、法治实践,着重引导学生理解、认同法律背后的价值、宗旨,注重法治意识的培养。

该文件明确提出主要实施以下内容的教育:

了解我国社会主义法律体系的构成;理解法的特征与作用,法治的内涵与精神,初步形成对中国特色社会主义法治道路的认同。加深对宪法的地位、功能和价值的认识,明晰宪法原则,深入理解宪法所确立的国家基本制度,加深对公民基本权利与基本义务的认知,加深对重要法治原则的理解,了解选举制度和重要法律规定,认知法治与民主的关系,了解宪法实施及其监督的程序与机制。

　　理解民事活动的基本法律原则和核心概念,了解物权的法律概念与基本规则,树立尊重所有权的观念,进一步了解合同订立与履行的法律规则,深化对诚信原则的认识。了解知识产权保护的意义和法律规则。简要了解侵权责任的原则、概念。全面认知家庭、婚姻.教育、劳动、继承等与学生个人成长相关的法律关系。了解与生活密切相关的行政法律中的重要规则,认知和理解政府行政管理的法治原则,建立权力受法律制约、有权力就有责任的观念。理解刑法的运行规则,了解犯罪构成以及罪刑法定等基本原则。了解保障人权的重要性及其含义,理解法治与权利保障的关系。

　　认知民事、行政、刑事方面的法律责任,深化守法意识。了解诉讼制度的基本原则,以及调解、仲裁、行政复议等多元化纠纷解决机制,建立对正当程序原则的认识,树立理性表达诉求、依法维护权益的意识。了解人民法院、人民检察院的机构设置与职能,理解法官、检察官对维护司法公正的价值。了解律师的资格条件、业务范围和权利义务,理解律师维护社会正义的价值。

　　了解国际法的基本原则,我国签署加入《儿童权利公约》《残疾人权利公约》等主要国际公约的基本内容。

　　在《关于防治中小学生欺凌和暴力的指导意见》中,需要重点关注内容包括:让学生知晓基本的法律边界和行为底线,消除"未成年人违法犯罪不需要承担任何责任"的错误认识,养成遵规守法的良好行为习惯;强化学生校规校纪教育,通过课堂教学、专题讲座、班团队会、主题活动、编发手册、参观实践等多种形式,提高学生对欺凌和暴力行为严重危害性的认识,增强自我保护意识和能力,自觉遵守校规校纪,做到不实施欺凌和暴力行为。

　　上述内容在普通高中思想政治课程标准的修订中都已作为重要内容进行呈现。要理解培育法治意识的意义,就必须关注这些文件以及作为这些文件重要支撑的中央全会文件和报告。

　　4. 关于德育工作

　　2017年8月,教育部发布《中小学德育工作指南》,作为指导中小学德育工作的规范性文件,适用于所有普通中小学校,其中的德育目标、德育内容、实施途径等方面都有非常值得关注的内容。

就德育目标而言,《中小学德育工作指南》明确规定高中阶段德育工作的目标是:教育和引导学生热爱中国共产党、热爱祖国、热爱人民,拥护中国特色社会主义道路,弘扬民族精神,增强民族自尊心、自信心和自豪感,增强公民意识、社会责任感和民主法治观念,学习运用马克思主义基本观点和方法观察问题、分析问题和解决问题,学会正确选择人生发展道路的相关知识,具备自主、自立、自强的态度和能力,初步形成正确的世界观、人生观和价值观。这些内容与高中思想政治课程的总体设计与呈现有着密切的关联。

就德育内容而言,《中小学德育工作指南》明确中小学德育工作的主要内容如下:

(1)理想信念教育

开展马列主义毛泽东思想学习教育,加强中国特色社会主义理论体系学习教育,引导学生深入学习习近平总书记系列重要讲话精神,领会党中央治国理政新理念新思想新战略。加强中国历史特别是近现代史教育、革命文化教育、中国特色社会主义宣传教育、中国梦主题宣传教育、时事政策教育,引导学生深入了解中国革命史、中国共产党史、改革开放史和社会主义发展史,继承革命传统,传承红色基因;深刻领会实现中华民族伟大复兴是中华民族近代以来最伟大的梦想,培养学生对党的政治认同、情感认同、价值认同,不断树立为共产主义远大理想和中国特色社会主义共同理想而奋斗的信念和信心。

(2)社会主义核心价值观教育

把社会主义核心价值观融入国民教育全过程,落实到中小学教育教学和管理服务各环节,深入开展爱国主义教育、国情教育、国家安全教育、民族团结教育、法治教育、诚信教育、文明礼仪教育等,引导学生牢牢把握富强、民主、文明、和谐作为国家层面的价值目标,深刻理解自由、平等、公正、法治作为社会层面的价值取向,自觉遵守爱国、敬业、诚信、友善作为公民层面的价值准则,将社会主义核心价值观内化于心、外化于行。

（3）中华优秀传统文化教育

开展家国情怀教育、社会关爱教育和人格修养教育；传承发展中华优秀传统文化，大力弘扬核心思想理念、中华传统美德、中华人文精神，引导学生了解中华优秀传统文化的历史渊源、发展脉络、精神内涵，增强文化自觉和文化自信。

（4）生态文明教育

加强节约教育和环境保护教育，开展大气、土地、水、粮食等资源的基本国情教育，帮助学生了解祖国的大好河山和地理地貌，开展节粮节水节电教育活动，推动实行垃圾分类，倡导绿色消费，引导学生树立尊重自然、顺应自然、保护自然的发展理念，养成勤俭节约、低碳环保、自觉劳动的生活习惯，形成健康文明的生活方式。

（5）心理健康教育

开展认识自我、尊重生命、学会学习、人际交往、情绪调适、升学择业、人生规划以及适应社会生活等方面教育，引导学生增强调控心理、自主自助、应对挫折、适应环境的能力，培养学生健全的人格、积极的心态和良好的个性心理品质。

上述内容在高中思想政治课程中均有不同程度的体现。深刻理解这些基本内容，明确这些内容对于中学德育工作的重要性，对于推动思想政治课程教学来说是非常重要的。

在实施途径方面，"课程育人"中对于德育课程重要性的表述值得我们重视："充分发挥课堂教学的主渠道作用，将中小学德育内容细化落实到各学科课程的教学目标之中，融入渗透到教育教学全过程。""严格落实德育课程。按照义务教育普通高中课程方案和标准，上好《道德与法治》《思想政治》课，落实课时，不得减少课时或挪作他用。"

同时，这一文件还对如何实施德育课程提出了明确要求："要围绕课程目标，联系学生生活实际，挖掘课程思想内涵，充分利用时政媒体资源，精心设计教学内容，优化教学方法，发展学生道德认知，注重学生的情感体验和道德实践。"这些内容，在普通高中思想政治课程标准的修订中主要体现在"基本理念""教学与评价建议"等部分。

三、高中思想政治课程提出的教学新理念与新方法

高中思想政治课程教学不但有助于培养学生的道德素养,而且能够帮助学生树立正确的世界观、人生观和价值观。在新课程改革稳步推进的背景下,为了有效解决传统教学中存在的问题,教师必须注重分析新课程改革所提出的教学要求,并合理地将新理念与新方法融入高中思想政治课程教学,从而不断优化教学方案,激发学生的学习兴趣,避免学生出现厌烦与抵触心理。教师只有不断优化教学方案,全面发挥新课程改革的作用与优势,才能提高课堂教学效率。

(一)新课程改革下高中思想政治课程教学中的新理念分析

新课程理念倡导突出课堂教学的目标并培养学生的综合能力,旨在使学生积极参与学习,并强化沟通交流能力,从而使学生找准正确的学习方向,并具备创新精神与实践能力。因此,在实际教学中,教师需要为学生创设优质的学习环境。

1.优化思想政治课程开展方案

高中思想政治课程与其他学科具有一定的差异,其主要是教学生如何做人,引导学生更加高效地理解党和国家的政策,同时拓展学生的视野,使学生对社会有深入的了解。

因此,在高中思想政治课程教学过程中,教师必须注重优化课堂教学方案,确保设计的问题具有一定的思辨性,并引导学生积极参与课堂学习。教师只有高度重视多样化教学方案的优化,才能够激发学生的学习兴趣,激活学生的思维,提升学生的探究能力,使学生在优质的平台上学习,掌握更加全面的思想政治知识。

2.建立良好的师生关系

虽然高中生的思维已经有了一定的发展,但教师仍然是影响学生学习动力的主要因素之一。通常来讲,学生如果喜欢某位教师,则会在课堂学习的过程中表现相对较好,而且能够积极参与教师提出的问题,充分发挥主观能动性。

　　所以,为了满足新课程改革所提出的要求,并合理地将新理念融入教学中,教师必须注重建立良好的师生关系,这也是提高思想政治课程课堂教学效率的基础。例如,在教学"走进文化生活"这节课时,教师不仅需要注重为学生讲述色彩斑斓的文化生活,以及在文化生活中的选择,还需要及时与学生沟通交流,分析学生在学习本节课时存在的问题,确保能够深入学生内部,了解学生的所思所想,帮助学生解决遇到的困难。同时,教师还需要给予学生充足的思考时间,并以提问或竞争的模式开展教育活动,要公平、公正地对待每个学生,赢得学生的信任与尊重,如此才能增进师生之间的交流,建立良好的师生关系。

　　除此之外,由于高中阶段学生的自主意识与自尊心正在不断增强,教师应给予学生充分的尊重,并在此基础上积极与学生进行交流,建立良好的师生关系。在辅导学生学习的过程中,教师要具备一定的耐心与热情,真心对待学生。对于犯错误的学生,教师必须给予一定的宽容,并积极做好沟通与交流,引导学生树立正确的三观,并鼓励学生积极参与学习,从而满足新课程改革的要求。

3. 明确新课程改革与考试的关系

　　在新课程改革稳步推进的背景下,人们对课程改革也产生了不同的看法。部分专业人士认为,考试制度必须得到一定的优化与改善,才能够遵循新课程改革的理念,从而从真正意义上贯彻落实新课程标准。新课标强调的是三维目标的统一,其合理地将生活与知识进行结合,从而提高教育效率。而生活作为学生学习的基础模块,必须得到各阶段教师的重视,但目前考试考查的仅仅是学生的理论知识与学习技能的情况,忽视了学生的学习态度与价值取向。再加上当前考试与评估机制存在多样化问题,部分地方政府与社会对学校教学质量的唯一评估方法就是学生的升学率。然而我们若依旧遵循这种方法,不仅无法顺应新课程改革的教学要求,也难以提升教育效果。

　　例如,在学习高中思想政治课程中"认识社会与价值"这一章知识时,学生不仅需要对社会发展规律及社会历史有一定的了解,还需要具备一定的价值意识,同时树立正确的价值观。所以,在教学过程中,高中思想政治课程教师必须充分掌握新课程改革与高考教学要求,并寻找两者的平衡点,帮助学生了解本节课内容,使学生在考试的过程中能够根据自己的想法正确答题,从而提高人才培养效率,确保新课程教学理念的作用得到发挥。

(二)新课程改革背景下高中思想政治课程教学的新方法分析

在教学方式上,新课程改革要求教师及时改进传统的教学模式,高度重视师生互动、生生互动,以及尊重学生的主体地位,并不断将多种教学模式融入课堂,全面发挥教学方式的灵活性,从而使学生积极参与学习,不断提高课堂教学效率。

1. 注重单元教学方法的设计

单元教学设计是课堂教学的重要组成部分,在新课程改革背景下,教师在设计教学内容时,必须事先分析单元在教材中的整体地位,同时了解单元所涉及的整体内容,从而制定有针对性的教学目标。教师也要不断优化单元教学资源,将单元教学细化为多个步骤并做好逻辑框架的构建,使学生积极参与学习,同时引导学生探究所涉及的问题,做好课时的分配,以提高教学效率。例如,在"生活与消费"这一单元的教学过程中,教师需要事先引导学生对货币进行了解,同时为学生讲解信用卡、支票及外汇等相关知识,随后对影响价格的因素进行渗透,并引导学生树立正确的消费观,加深学生对本节课重点知识的理解。除此以外,教师还应分析在单元设计过程中存在的问题,及时优化教学方法,并将多种教学模式融入课堂教学,这样既能够激发学生的学习兴趣,又能够全面发挥多种教学模式的作用与优势,使学生对课堂知识有深入的了解,进而提升学生的学习效率。

2. 开展活动,激发学生学习兴趣

新课程要求各阶段教师改进传统教学方法,并强调自主、合作及探究的学习方式,从而使学生积极主动地参与课堂学习,充分发挥学生的课堂主体作用。例如,在教学"文化与生活"这节课的过程中,教师要引导学生体味文化,使学生初步了解文化与经济的关系,并在此基础上感受文化给人们带来的影响,从而正确掌握课堂知识。然而,部分学生在学

习知识及参与教师所设计的课堂活动时,经常会有部分问题无法了解,这限制了学生综合能力的提升,而且难以实现新课程改革提出的教学目标。因此,为了能够有效解决这些问题,教师需要注重情境创设,并引导学生进行角色扮演,让学生真实地感受到文化对人类生活的影响,从而帮助学生更加深入地了解本节课的重点知识,使学生在探究问题的过程中提升分析问题、解决问题的能力。

3. 重视课内外的结合

在高中思想政治实际教学过程中,教师不仅要注重新理念与新方法的融入,还需要分析课内与课外的衔接点,确保合理地将其融合,这样既能够全面发挥新课程改革的作用,又能够充分利用课本资源与课外资源,从而有效提高教学效率。因此,教师应合理创设探究活动,在使学生参与课内外活动、掌握重点知识的同时,培养学生的思维能力与理解问题的能力。

总而言之,为了顺应时代发展,高中思想政治课程教师必须注重分析新课程改革的教学要求,不断优化人才培养方案,并分析当前思想政治教学的实际情况,不断更新自身的教育理念。同时,教师应将新型教学方法融入实际教学,从而激发高中生的学习兴趣,使学生积极参与课堂,并主动探究教师所提出的问题,进而达到新课程改革的要求,以及人才培养所制定的目标,为高中生的日后发展提供有力帮助。

第二节 高中思想政治课程的设计思路与基本方法

一、2017年版2020年修订普通高中思想政治课程标准与实验版课程标准相比的变化

(一)以培育学科核心素养为纲

从整体上观察当前课程改革的进程,其标志性意义存在于每个学科课程的共同追求,即学科核心素养的凝练。各科修订工作的基本思路都

围绕学科核心素养展开。例如,核心素养是"三维一体"呈现课程目标的新模式;核心素养是整合与呈现课程内容的逻辑框架;核心素养是划分与描述学业质量水平的根本依据;核心素养是引领、支撑课程实施的基本导向。所以,核心素养是纲,必须就有关学科核心素养的话题想透彻、说明白,达成共识,才能纲举目张,深入展开课程标准所有组成部分的探讨。

思想政治学科核心素养,是中国学生发展核心素养在思想政治学科的表现,是学生学习思想政治学科课程之后形成的具有学科特点的关键成就,是思想政治学科育人价值的集中体现,包括政治认同、科学精神、法治意识、公共参与四个要素。该课程立德树人的独特价值,可依次归结为有信仰、有思想、有尊严、有担当。

总体把握思想政治学科核心素养的意义和价值,前提是明确四个要素不是四个核心,它们共同承载着课程立德树人的根本任务,即培养担当民族复兴大任的时代新人。

思想政治核心素养的四个要素不是孤立存在的,它们在内容上相互交融,在逻辑上相互依存,共同构成一个有机整体。

(二)打造活动型学科课程

如果说以核心素养为纲是这次课标修订工作包括所有学科在内的共同追求,那么打造活动型学科课程就是修订思想政治课程标准独具的显著变化,是思想政治课程以培育核心素养主导课程实施最具创新意义的亮点。

我们赋予活动型学科课程的内涵是:学科课程的内容采取活动设计的方式呈现,包括社会实践活动,即"课程内容活动化";或者说学科内容的课程方式就是一系列活动及其结构化设计,即"活动设计内容化"①。

(三)研制学业质量标准

经验告诉我们,课程改革能否取得实质性进展,一个基础性的指标就是课程标准的权威能否真正树立起来;而课程标准的权威能否真正树立

---

①郭宏,王柏文,马凤龙,等. 中学思想政治品德探究课程设计与引领[M]. 长春:吉林人民出版社,2012:217-220.

起来,一个决定性的环节就是学业质量标准管不管用。这次修订工作,首次把学业质量标准纳入其中,无疑是解决这个问题的关键抓手。

本次课程标准修订阐明了学业质量内涵、学业质量水平、学业质量水平与考试评价的关系,构成教学评一体化设计,旨在引导教学更加关注育人目的,更加注重培养学生核心素养,更加强调提高学生综合运用知识解决实际问题的能力,帮助教师和学生把握教与学的深度与广度,为阶段性评价、学业水平考试和升学考试命题提供重要依据。

二、高中思想政治课程的设计依据

高中思想政治课程提出:"讲好思想政治课关键在教师。思想政治课教师应发挥积极性、主动性、创造性,按照政治要强、情怀要深、思维要新、视野要广、自律要严、人格要正的要求,不断提高自己的专业素养,坚持政治性和学理性相统一、价值性和知识性相统一、建设性和批判性相统一、理论性和实践性相统一、统一性和多样性相统一、主导性和主体性相统一、灌输性和启发性相统一、显性教育和隐性教育相统一,增强思想政治课的思想性、理论性和亲和力、针对性。""本课程的实施,以课程标准为依据,以发展学生思想政治学科核心素养为目标,力求将学业质量转化为具体的教学要求,体现教学与评价的一致性。"并对教学与设计提出如下要求:

(一)围绕议题,设计活动型学科课程的教学

活动型学科课程的实施要使活动设计成为教学设计和承载学科内容的重要形式。一方面,要对应结构化的学科内容,力求提供序列化的活动设计,并贯穿于教学全过程;另一方面,要针对相关活动,设计可操作的测评。

教学设计能否反映活动型学科课程实施的思路,关键在于确定开展活动的议题。议题,既包含学科课程的具体内容,又展示价值判断的基本观点;既具有开放性、引领性,又体现教学重点、针对学习难点。围绕议题展开的活动设计,包括提示学生思考问题的情境、运用资料的方法、共同探究的策略,并提供表达和解释的机会。

活动设计应有明确的目标和清晰的线索,统筹议题涉及的主要内容和相关知识,并进行序列化处理。要了解学生对议题的认识状况及原有经验,以提高教学的针对性、实效性;还要了解议题的实践价值,创设丰富多样的教学情境,引导学生面对生活世界的各种现实问题。

活动型学科课程的教学评价,应专注学科核心素养的行为表现,一般采用"求同"取向与"求异"取向相结合的验证思路。这是一种有统一标准、无标准答案的评价。应以基本观点为统一标准,在此前提下,采用多种活动方式,鼓励学生运用相关学科知识和技能,基于不同经验、运用不同视角、利用不同素材,表达不同见解、提出不同问题解决方案。既评价达成基本观点的过程,也评价实现教学设计的效果。

(二)强化辨析,选择积极价值引领的学习路径

本课程的教学与评价,必须凸显价值引领的意义,需要用支撑思想政治学科核心素养的基本观点统整、统筹学科知识。有些学科概念旨在引导学生思考和行动,无须要求学生从理论上掌握其内涵。可通过范例分析展示观点,在价值冲突中深化理解,在比较、鉴别中提高认识,在探究活动中拓宽视野,引领学生认同、坚信社会主义核心价值观。

在教学中切实强化价值引领,学习路径的选择至关重要。应立足于当今信息化环境下学习的新特点,直面社会思想文化的影响相互交织、相互渗透,学生接受信息的渠道明显增多的新态势;要着眼于学生思想活动的独立性、选择性、多变性、差异性和高中阶段成长的新特点,引导他们步入开放的、辨析式的学习路径,理性面对不同观点。只有使学生亲历自主辨识、分析的过程,并作出判断,才能真正实现有效的价值引领。

评价这种辨析式学习成功与否,要点在于能否切实把握过程与结论的关系,既关注过程,又不忽略结论;能否有效掌控导向性与开放性的关系,取向求同或取向求异,都需要合理的引导;能否恰当处理思想内涵与辨析形式的关系,遵循意义优先、兼顾形式的原则。

(三)优化案例,采用情境创设的综合性教学形式

本课程内容涉及哲学、经济学、政治学、法学等学科,具有综合性。

教学与评价既要体现内容的广泛性,又要关注问题的复杂性;既要多维度观察对象,又要多途径进行探究。应力求凭借相关情境的创设,提供综合的视点,提升综合能力。

以案例为载体进行综合性教学,既要着眼于同一课程模块的内容,综合不同的学科核心素养要素,又要着眼于同一学科核心素养要素,综合不同课程模块的内容。优化案例的关键在于优化情境的功能:能有效地支持、服务于学科核心素养的培育;有助于呈现并运用相关学科的核心概念和方法;能充当组织教学内容、贯穿逻辑线索的必要环节;其内在意涵具有丰富的、现实的、可扩展的解释空间;围绕议题,指导、组织富有成效的活动;显现生活中真实的情境,力求可操作、可把握。

实施综合性教学评价,重点是考查学生整合知识、理论联系实际、分析和解决问题的能力。进行综合性评价的过程,也是反思和评估情境创设和案例选取是否得当、是否高效的过程,可据此进一步优化情境、案例,不断提高教学效率和效果。

三、高中思想政治课程设计方法与路径

(一)高中思想政治课程课堂教学设计的意义

思想政治课程在每个人的学生生涯中都具有重要的意义。这门课程的设置是为了让学生学习到科学知识以外的东西。主要就是让学生的思想得到正确的教育,使他们成为一个有正能量、积极向上的、对社会有用的人。因此,思想政治课程的设置就显得非常有意义,而要想把思想政治课程上好,能够让学生感兴趣并积极参与,就必须要进行相应的教学设计。这门课程的教学设计关乎着政治课程能否取得一定的成效,是在给学生上课前必须认真准备的。在教学设计里面,首先要明确教学目标,因为教学目标包含着思想政治课程的教学模式,教学策略还涉及教学过程中运用到的媒体等工具以及其与环境的合理搭配、课后的教学评价体系。所有的这些都关系到思想政治课程目标的实现和国家基础教育培养目标的落实。一般来说,研究高中思想政治课程课堂教学设计主要有以下几个方面意义:

1.教学的内在要求

思想政治课程教学目标的设置是教育改革、新课程教育改革的内在要求。目前,新课程改革在不断推进,国家对这一改革给予了足够的重视。在此背景下,思想政治课程的课堂教学设计从教学目标的设计、教学过程中的模式、教学所采用的方式方法,以及教学的评价体系等所有相关环节都发生了显著变化。教学设计是教学开始实施的第一环节,该设计有利于教师对学生更加认真负责,教师要致力于帮助学生在某一方面实现有利于其成长的转变。此外,教师要根据学生本身的差异性、在不同的学习阶段的差异性、学习习惯的差异性,选择合适的、恰当的教学方法和手段。这样就会使教学效果有很大提升,同时有利于对教学成果进行评价,使刚入职的新手教师更快成长为专家型教师。

2.学生学习的需要

美国教育心理学家加涅说过,人们在学习时如果没有目标,那么他们就会有所迷茫,而人们在学习时有了教学设计并且对该设计有了充分的理解后,他们就获得了一种预期。这种预期会一直贯穿于人们学习的始终,在学习完成时,该预期就会与人们学习的成功进行比较,对学习结果进行反馈加以证实。反映到教学课堂上就是要有意识地把课堂的教学设计通知到学生,让学生对这门课形成一个相应的预期,让他们主动、积极、有目的地学习,进而利于知识的学习、积累、态度的形成和技能的培养。

(二)高中思想政治课程课堂教学设计的影响要素和原则

思想政治课程课堂设计教学目标旨在解决"教给学生什么思想"和"学生学什么思想"的问题,指向于"我们应该往哪里去"的问题。在新课程背景下,思想政治课程课堂教学设计势必受到多种要素的影响。

1.学习者特点

教育的对象就是学生,教育的一切出发点、目标都是以学生为中心的。我们实施教育的目的就是要把学生培养成对国家、对社会有用的人。不仅使学生在学习方面能有所发展,也致力于使学生在创新和实践等方面也有所收获,使他们能够具有良好的创新精神和实践能力,这也是近年来新课程改革的核心理念。因此,在教学设计过程中,要注意观察学生的基础行为、学习动机、喜欢的学习风格以及学生所具有的社会特征等,最终要使学生得到全面发展。

2.当代社会生活需求

课程设计必须遵循一定的原则,它要能够反映社会政治、经济和文化发展的要求。所设计的目标能够与当代社会生活的需求相联系,因为学生对课程的学习最终将会体现在他们的生活中,所以社会生活是课程设计的重要来源之一。

(三)高中思想政治课程课堂教学设计的步骤

教学设计的基本步骤:首先要收集整理一些基本的资料,通过对资料进行分析确定教育的基本宗旨、教育的一般目的,然后再确定教学目的和目标。一般来说,教学设计都要经过以下环节:

1.了解高中思想政治课程目标及其分类

高中思想政治课程总目标。政治理论教育首先必须让学生知道中国共产党在我们国家所处的核心地位。没有中国共产党就没有我们现在的生活,中国共产党是中国特色社会主义事业的领导核心,马克思列宁主义、毛泽东思想、邓小平理论、"三个代表"重要思想、科学发展观、习近平新时代中国特色社会主义思想是中国共产党的指导思想。要让学生熟悉我国的现代化建设历程;要让他们具有应有的自主、自立、自强的能力和态度;具有爱国主义、集体主义和社会主义思想情感;初步形成正确的世界观、人生观和价值观。

2.把握思想政治课程新标准与旧标准在课程目标上的区别

不同于旧标准,新标准主要倾向于培养学生的爱国情操,以及正确的道德观、价值观、人生观。它还非常重视"自主学习、选择、探索的能力"。特别强调教师在教学的过程中要注重运用"高水平的思维活动"培养学生的能力,并且始终把学习方法的传播和能力的发展摆在教学目标的核心位置。

第三节　高中思想政治课程实施中应注意的问题

一、在思想政治课程教学中突出情感、态度和价值观

教学活动的形式可以多种多样,但都是以促进学生的全面、和谐发展为目的。教学活动的开展,使学生的知识得到丰富与更新,能力得到提高与发展,正确的情感、态度和价值观得到提升。

以往的思想政治课程过分强调认知而忽视情感、态度在学习中的作用,把丰富、生动的教学活动局限于狭窄单调的认知范畴,这种缺乏情感内涵的教学,使学生普遍感到学习枯燥、单调,从而丧失学习的兴趣。新课程则将情感因素提高到一个新的层面和高度,不仅将其作为优先设置的课程目标,而且特别强调学生的主体地位。高中思想政治课程教学面对的是一个个有思想、有情感的学生,其目标的实施更特殊且复杂于其他学科。它不但要使学生明白重要的思想政治观点,更要将其转化为学生自身的思想信念,完成感人、育人的任务。因此,教学活动要能触动学生的动情点,在活动中、在体验中、在共鸣中使情感得到丰富、提升,从而使学生发展成为具有健全人格的人。例如,学生相互关爱与尊重的情感、追求真理与高尚的情感、乐于合作与实践的情感等,都是思想政治课程设计教学活动时首先要关注的。在情感、态度和价值观目标中,正确的思想政治观点的学习和确立,则是本课程教学活动要实现的首要目的。

二、在思想政治课程教学中体现教师的主导作用

随着课程改革的不断深入,以学生为主体,使每个学生都有发展的空间,已成为广大教师的共识,但同时也出现了新的误区:一些教师在教学活动中不敢深入引导,生怕轻视了学生的主体地位,一些教师在教学活动中感到无所适从,找不到自己应有的位置。

教学活动是由教师组织学生进行有目的、有计划的学习过程。在整

个教学活动中，教师始终要引导学生按照社会的要求，围绕课程标准的内容进行学习，尤其是在思想政治方向的把握上，要发挥不可替代的导向作用。

教学活动的开展是师生共同的活动。在教学活动的过程中，教师既是活动的设计者，也是活动的参与者和组织者。教师对教学方向的把握、目标的确定、内容的选择、任务的分配、进程的安排、形式的选择、进程的控制、结果的评价都承担着重要的责任，因此实施新课标，教师的主导作用既不能片面地夸大，更不能忽视[①]。同时，教学活动设计的过程渗透和体现了教师的教学思想和个人风格，也体现了教师的个人智慧。此外，教学活动也不是游离于教师之外的单纯的学生活动。在学习中，教师提供给学生丰富的学习资源和有效的学习方法；在讲授中，提出富有启发性的、开放性的问题，引导学生的思维；在讨论中，对一些偏离主题的观点、看法有针对性地给予正确的引导；在辩论中，调解和疏导学生因争辩而产生的矛盾；在活动中，采用多种方式，调动学生参与的主动性和积极性；在社会调查中，帮助学生解决具体操作中的困难；等等。总之，做理性的组织者和积极的参与者、协调人，是教师主导作用的重要体现。

教师的主导作用还体现在对活动结果的评价上，好的结果评价会激发学生投入更大的热情进入新的学习。例如，在评价的态度上，采用鼓励的、欣赏的语言或行为，可以激励学生的再学习和再创造；在评价的导向上，通过对学生活动方式、内容、合作情况的评价，可加强评价的针对性，以利于把握教学活动的方向；在评价的方式上，课堂评价、纸笔评价、分层评价、展示性评价等多样的方式，可以改变单一评价的片面性，提高评价在教学活动中的作用，通过评价发挥教师作为激励者和引导者的作用。

总之，在教学活动中发挥好教师的主导作用，一是要正确处理好教师主导与学生主体的关系，避免两个极端；二是要通过多种途径了解、研究学生。对学生的生活环境、生活习惯、学习基础、学习困难、彼此关系、活动收获和结果等方面了解得越具体，教师的主导作用就会越到位、越有

[①]黄晶晶. 辨析式教学在高中思想政治课中的应用研究[D]. 桂林:广西师范大学，2021:33-34.

效;三是要不断提高自身的专业素养和人文素养,提高自身的能力和水平。

三、在思想政治课程教学中突出学生的主体地位

发挥学生的主体作用。在日常的教学工作中,我们要避免两个极端:一是沿袭传统的教学观念,教师依然是"满堂灌""全包办",不肯从主角的位置上退下来;二是忽略了教师的主导作用,以至于徒有气氛热烈、活动充分的形式,却脱离了教学任务,费时且低效。这都是对学生主体作用的片面理解和把握。

以学生为主体是以人为本理念在教学活动中的具体体现,它要求教师要以尊重、信任、宽容的情感对待学生。

四、在思想政治课程教学中要在尊重学生的基础上形成良好的师生关系

所谓尊重学生,主要是指教师对每个学生的参与权利与决策权利的尊重。将学生看成活生生的、发展过程中的人,而不是完成教学任务的工具或手段,由此应形成师生间民主平等、和谐互动的关系。师生间的民主平等主要指师生人格与权利的平等。只有做到师生人格与权利的平等,学生才敢于参与教学活动,从而为学生成为活动主体创造前提条件。营造师生间宽松和谐的氛围,会使师生心情舒畅,学生敢想、敢说、敢做,敢于质疑问难,敢于大胆创新,乐于合作,使思维始终处于积极的、活跃的状态。师生在教学中互动,则可以使教师与学生分享彼此的思考、见解和知识,交流彼此的情感、观点与理念,从而丰富教学内容,真正实现教师发展与学生成长的和谐统一,使教学活动多姿多彩。当然,尊重学生还意味着对学生差异性的尊重。凡有人群,必有水平高低之分、有主动被动之分、有特长不同之分,因此我们要尊重每个学生的生命差异、知识差异、能力差异,尊重学生多样的选择和独特价值,这样才能形成良好的师生关系。

五、发挥学生在学习中的主体作用要给学生以充分的信任

在信任的基础上,要舍得放手,学生才可能拥有真正的主体地位。放手让学生去选择、设计、策划、组织、操作、展示、评价,学生会在教学活动过程中释放无可估量的潜能,从而使各方面能力在宽松、开放、自主的空间里得到自由的生长。要给学生一些权利,让他们自己去选择;给学生一些机会,让他们自己去体验;给学生一点困难,让他们自己去解决;给学生一些问题,让他们自己找答案;给学生一些条件,让他们自己去锻炼;给学生一片空间,让他们自己向前走。

六、在思想政治课程教学中培养学生的能力

教学活动的过程也是学生诸多能力发展的过程,如搜集和处理信息的能力、参与和组织活动的能力、阅读和表达的能力、辩证思维能力、分析和解决问题的能力等。能力的生长源是学生对问题的发现以及对问题的深入研究和问题的解决。学生能力发展的核心是"问题",教学活动的开展应该以问题为纽带。既然教学活动不是单纯以传授知识为目的,那么在教学活动中,教师要特别注意激发学生的问题意识,师生不断拓展和加深问题的广度和深度,探求解决问题的策略和方法,使学生形成自己解决问题的独立见解,从而实现发展学生能力的目标。

知识是学生增进智慧和力量的源泉,是丰富情感和发展能力的支撑,因而也是实施全部课程目标的基础。剥离了重要的思想政治观点的活动,都不是完全意义上的教学活动,如学生随意阅览、上网聊天,自主制订感兴趣的学习计划,单纯的社会实践活动,等等。新课程纠正过于注重孤立、单一的知识传授,并不是不要知识、不依赖知识,而是通过教学活动实现知识的传承、迁移与发展。对于新课程而言,知识传授仍然是教学活动的目的之一,只不过要服从和服务于能力目标及情感、态度与价值观目标的实施。

七、在思想政治课程教学中做到活动形式的多样性并与活动目标相统一

教学活动以完成教学目标为目的,通过活动,要让学生有所得。它既

不仅仅为调节课堂气氛而活动,也不是单纯为丰富和调节学生的生活而活动。高中思想政治课程是对学生进行马克思列宁主义、毛泽东思想、邓小平理论、"三个代表"重要思想、科学发展观和习近平新时代中国特色社会主义思想教育的课程,使重要的思想政治观点在学生的头脑中生根,使爱国主义、集体主义、社会主义成为学生的自觉意识和价值选择,这是教学活动所要承担的教育责任。一方面,教学活动形式的多样性与丰富性并不能放弃教育的导向功能;另一方面,教学活动在预设的框架内、在确定的轨道上展开,但绝不能将其变为一种单向的教导和强迫性的训练。因此,在教学活动中,我们要努力找到教师引导、影响与学生自主发展的恰当的结合点,实现活动形式丰富性与教学目标明确性的统一。

八、在思想政治课程教学中做到活动形式的多样性与活动内容的丰富性相统一

教学活动的程序化、公式化、单一化,最容易导致学生产生厌学情绪。在明确活动目标的同时,要注意活动形式的多样性与内容的丰富性。单一的传统教学模式不是教学活动;单一的"满堂问、满堂读、满堂练"的教学方式也与教学活动的理念相背离。所以,我们在教学中要根据丰富的教学内容,选择多样的教学活动方式。例如,课堂内,可以有教师点拨引导的学生思维活动,可以有师生对话、生生对话、讨论、辩论、交流、小组合作探究、自主探究、模拟情景等;课堂外,可以组织学生进行社会调查、社区服务、课题研究、参观访问等活动。

九、在思想政治课程教学中使活动形式的多样性与面向学生的全体性相统一

在课堂教学活动中,单一的活动形式常常会出现少数活跃学生或学优生积极参与教学活动,而另一些同学游离于课堂教学之外。因此,我们在教学中要通过活动形式的多样性,体现面向学生的全体性。如教师引导学生思考的问题要有层次性、多面性,使不同智力水平和体验经历的学生都能投入思考、发表见解、展现自我。另外,组织小组合作探究也

是解决这个问题的良好方式,因为在课堂教学活动的形式中,无论是质疑式、讨论式、辩论式、主题式还是其他形式,大部分都可以通过小组来实现。在小组内部,可以各有分工,可以互帮互学,可以进行组内交流、小组间的交流和竞赛。这样可以为每个学生创造更多的参与和表现的机会,促使他们共同体会学习的乐趣和成长进步。

十、在思想政治课程教学中使传统的教学方法与现代的教学方法相结合

在以往的教学中,我们采取得最多的方法是讲授式教学法。对于传统的讲授式教学方式,我们要加以辩证分析,既要看到它在教学活动中的独特价值,因而被广泛采用,有利于教育功能的发挥,传递信息迅速,教师可控性强等;同时,也要看到它在教学活动中使学生缺乏主动性,不能很好地照顾学生的差异性,学生活动时间缺乏等缺陷。若我们在讲授的过程中注意科学地把握,注意讲授的启发性、精致性、直观性、感染性,并有机地与其他活动形式相结合,就会大大提高课堂教学的效果。目前,探究式、体验式、合作式、信息技术与学科教学整合式等,都是被倡导的主要教学活动方式,实践也证明了其在学生发展中的优势和推动作用。我们在选择教学活动的形式时,在多样性的基础上要着力体现当前主要的活动形式。

任何一种教学活动形式都不可能孤立地存在,而是相互渗透、彼此交织的。我们要根据本地区的实际,根据课程标准的目标要求,根据本校学生的特点以及教师自己的特点,进行适时、适地的选择和整合,这样才能取得最佳的活动效果,从而促进学生知识、能力以及正确价值取向的发展。

十一、做好课前准备,达成教学目标

(一)钻研课程标准和教材

认真学习思想政治课程标准,明确课程目标、课程内容和教学建议。能够将课程标准和教材结合起来进行研究,加深对课程标准的理解。认真把握教材的体系和结构,明确知识教学和思想教育的重点、难点。

（二）调查实际

要调查学生实际。结合教材内容,调查学生的知识实际和思想实际,以便循序渐进地进行知识教学和有的放矢地进行思想教育。

调查当地社区实际。通过日常观察、调查采访、查阅资料等方式了解当地社区实际,使教学更贴近学生的生活实际。

把握社会热点问题。我们要具有对社会热点问题的敏感性,经常通过电台、电视台、报刊、网络等途径了解社会热点问题,接受各种信息,以便理论联系实际,生动活泼地进行知识教学和思想教育。

（三）确定教学目标

我们要根据课程标准和学生实际,确定具体的多元教学目标,教学目标的书写要规范。一般说来,完整的教学目标由行为主体、行为动词、行为条件及表现程度四个方面组成;教学目标包括知识、能力、情感态度价值观等方面。

（四）优选教学方法

讲练结合、课堂讨论、活动教学、情感教学等都是行之有效的教学方法。此外,凡是能引起学生兴趣、集中学生注意力、引导学生积极参与教学过程、启发学生积极思维的方法,都应灵活采用。我们应注重引导学生,但不是牵着学生走;我们强调激励学生,但不使学生感到有压力;我们应指明学习途径,但不应代替学生作出结论。

（五）设计学生学习方法

要精心设计教学情境,引导学生主动参与、乐于探究、勤于动脑,培养学生搜集和处理信息、分析和解决问题的能力以及交流与合作的能力;努力改变死记硬背、机械训练的状况。

（六）写好教案

教案的内容主要包括:①教学内容;②教学目标;③教学重点和难点;④课时安排;⑤教学方法与手段;⑥教学过程;⑦课外活动。

"教学过程"是教案的重要部分,我们在设计教学过程时应注意:

①教学目标要明确;②德育功能要发挥;③教学重点要突出;④教学难点要突破;⑤启发学生要有方;⑥学生参与要充分;⑦板书内容要设计;⑧课堂练习要扎实。

(七)提供学习资源

教师要为学生学习提供充分的、多样的和可选择的学习资源。如拓宽视野的各种材料、提供思考的问题情境、学生查阅资料的书目等。

(八)加强教研组、备课组内部的集体研究

新课程下的教学要求十分高,单凭个人的努力很难达到。各校教研组、备课组要拧成一股绳,成为团结协作的坚强集体。教研组内部、备课组内部教师之间情同手足,亲如兄弟姐妹,唯有这种境界才能真诚合作、共同提高。搞好校本研究,教研组、备课组要在教学目标的设置上、教学内容的拓展上、教学方法的使用上、教学重难点的突破上、教学内容与学生实际及社会实际的结合上、习题编制和选用等方面多作研究、多作探讨,充分发挥每位教师的聪明才智,在形成共识的基础上,发挥教师的个性特长,进一步设计教学过程。各校备课组成员能够真正做到团结协助、资源共享,就能不断拓展提高课堂教学质量的空间,提高本校的教学质量。

另外,还要在更广阔的区域进行定期的集体备课、资料交流,实现资源共享,可以利用网络建立广泛的交流平台。

十二、做好课中准备,提高课堂教学质量

(一)要有明确的教学目标导向

我们要围绕教学目标创设灵活多样、有助于学生学习的教学情境,营造民主、平等、互动、开放的学习氛围,激发学习兴趣。

(二)正确理解教学内容,创造性地处理教学内容

教学中,我们对概念要有明确的表述和解释,要注意讲清如何正确使用这些概念,要让学生明确各课中最基本、最核心的内容。理论性的内容应有联系实际的部分,实践性的内容要有理论指导的部分。教学内容

要含有足够量的新颖信息和难度适当、对学生有用的知识。

在学生已有的认知水平上处理重点、难点问题。我们在教学中要十分明确本课教学的重点，并采取多种手段来突出重要的知识点，给学生留下深刻的印象。

将教学内容较好地与学生的学习、生活经验和社会实际相结合，引导学生运用所学知识去分析和解决现实问题，体现知识的价值。

要教会学生如何做人、如何处事、如何与人相处。教学不能偏重单纯的知识能力的提高，而要注重学生知识与技能、过程与方法、情感态度价值观等方面的整体性发展。

要注重教会学生如何学习，而不仅仅进行知识、思想政治观点、道德观念的灌输。要善于运用启发式的教学方法帮助学生在学习过程中培养正确的态度和能力。

我们的教学不能单纯地从概念出发，而应从具体的事例出发，激活学生的思维，引导学生利用已有的知识和生活经验去思考、去参与、去尝试、去体验。

教学要亲切热情，注重师生间的情感交流，要尊重学生的人格；教学语言要形象生动、节奏鲜明、有幽默感，语言要精练、讲普通话；课堂提问要有层次，有利于学生思维的活跃；课堂评价要恰当，有利于学生的后续发展；恰当地运用眼神、手势等非语言交流形式；要紧凑安排每一个教学环节；身教重于言教，要心口如一、言行一致；严格执行教学计划，上下课要准时，要有法规意识。

我们的教学要开放性和活动性相结合。知识的来源并不限于课本，学生周围的人（如家人、教师、朋友、同伴等）、学生身边的事物（如报刊、书籍、广播、电视、互联网等）都是学习的资源。课堂以外还存在着广阔的学习空间，图书馆、博物馆、少年宫、德育基地、社区等都是进行学习的好场所。要利用这些教育资源，因地制宜开展好各种学习活动，提高教学效果。

教师在课堂教学中要能扮演好引导者、组织者、合作者的角色，必须认真刻苦地钻研教学业务，只有站得高才能看得远。新授课教学要根据学生的认知规律,密切联系时事政治和社会生活实际,由具体到抽象,由现实生活到课本道理,循循善诱,在引导学生理解教材上大做文章。使"双基"得到落实,学生认识能力得到提高,情感态度价值观发生变化。思想政治课程教师上课都要言之有理、言之有物,深入浅出,有情趣、有美感、有深度、有感染力,使学生有感悟、有收获。要认真研究转变学生学习方式的指导方法,关注学生的情感及行为。在课堂教学结束后,要及时撰写教学反思,总结、研究自己的教学行为,不断提高自己的教学水平。

每次练习的设计和布置都要让学生做到脚实、头清、提升能力,使基础知识更扎实、能力训练更有效、学习自信更增强。对学生的作业,要求落笔严格,每次练习要求书写整洁、答题规范。只有精选精做题目才能使学生摆脱题海战,真正做到减负增效。

十三、开展课后教学活动,巩固教学效果

课外活动是课堂教学的延伸和不可缺少的补充,是巩固、扩大和提高课堂教学效果的重要途径。我们必须依靠学校领导、班主任、团队和学生会组织,并与其他学科教师紧密配合,结合课堂教学内容设计和组织好各种形式的课外活动,如阅读课外读物,观看电影和录像,开主题班会,参观调查,专题讲座,组织兴趣小组,开展知识竞赛、小论文竞赛和演讲比赛等。

社会调查是可以普遍、经常地开展的一种课后教学活动形式,它是学校小课堂和社会大课堂相联系,使课本理论知识和社会生活知识相结合的有效方法,有利于学生巩固知识、培养能力、提高觉悟,全面实现教育目标。

第四节　高中思想政治课程的教学评价问题

一、在思想政治课程教学中要采取多种学习评价方式

适时对学生的学习进行评价的目的,是考查学生达到学习目标的程

度,以帮助学生调整自己的学习状态,促进学生学习和品德的发展。

学校、教师对学生学习思想政治课程的评价要注意:第一,要把对学生思想政治素质的评价放在突出位置。评价要全面、客观地记录和描述学生思想政治素质的发展状况,注重考查学生的行为,特别关注其情感、态度和价值观方面的表现。第二,强调学生既是评价对象,也是评价主体。要采用多种方式培养学生的自我评价意识,发展自我评价能力。例如,对学生在集体生活中的各种表现、各自不同的学习观念和学习效果,都可提供相应的自我评价的机会和要求。第三,要对学生的能力发展给予肯定性评价。例如,学生的沟通、合作、表达能力,搜集和筛选多种社会信息、辨识社会现象、透视社会问题的能力,自主学习、持续学习的能力等,都要注重从积极的方面,用发展的眼光给予评价。第四,要把形成性评价与终结性评价结合起来。学业的完成需要经历必要的过程;思想政治素质的状况只有在一定的过程中才能表现出来。终结性评价应建立在形成性评价的基础上,与形成性评价相对应,才能保证评价的真实、准确、全面。第五,要采取多种学习评价方式。对学生思想政治表现的评价,要特别关注其发展和进步的动态过程,采取更为灵活的方式,如谈话观察、描述性评语、项目评议、学生自评与互评、个人成长记录等。对学生学习成绩的重要评价方式是各种考试。

二、在思想政治课程教学中运用考试对学生进行评价

考试是一种根据课程教学目标,按照一定的要求进行命题,并运用教育统计的原理与方法,对学生解答问题的过程与结果进行评价的活动。它是高中学生学习成绩的重要评价方式。考试有多种类型,如学期考试、结业考试、升学考试等。

思想政治课程考试应注重考查学生理解和运用知识的真实能力。思想政治课程考试的目的,并不是仅仅要求学生识记有关的知识点,而是要求学生通过对知识点的掌握,能对所学知识进行理解,形成较系统的思想政治认识和思想政治观念。例如,在经济生活的教学中,不过分要求学生对各种经济现象所涉及的具体的经济术语都有专业的、详细的了解,因为这并不是思想政治课程的任务。课程内容讲授经济生活,是要

求学生在了解各种经济现象后,能将所学知识进行梳理,从而对社会的经济生活形成一个较系统的认识,正确地认识各种经济现象和经济发展规律。思想政治课程考试不仅要检测学生对所学知识的理解,更要考查学生运用知识的真实能力。面对飞速发展、日新月异的社会,教学内容涉及当今社会生活的方方面面,极具时代性、实用性和指导性。因此,对思想政治课程的考试,也应立足于运用知识解决实际问题的能力上。仅仅掌握了相关的知识,或者是仅能理解现有的现象,仍不是对课程的完整掌握,还应该有能力运用已学的知识正确解决有关问题,并且自觉地在解决问题的过程中,不断地促进自身正确价值观的形成。试题要着眼于考查学生解决实际问题的真实能力,使考试成为学生提高能力、接受教育的一次过程。

目前,在思想政治试题中出现了许多综合、开放的试题。综合、开放的题型已成为思想政治课程考试的一个重要命题方向。大量的事实表明,学生能够背诵概念、原理,并不等于真正理解掌握了它们,更不等于能用这些知识解决实际问题。因此,一方面要在试题的设计中注意增加相对综合、开放的内容[①]。例如,"根据材料或观察漫画回答问题""仔细观察漫画,结合有关知识,请你设置问题,并回答"等等,用鲜活的问题引导学生开拓思维,学会运用所学知识对社会现象进行评析;另一方面要在评析标准上,与试题相对应,答案不唯一,只要学生说得有道理就行,鼓励学生创造性发挥,引导学生进行研究性学习。

三、把对学生思想政治素质的评价放在突出位置

我国的思想政治课程性质决定了高中思想政治课程评价的主要任务。高中思想政治课程进行马克思列宁主义、毛泽东思想、邓小平理论、"三个代表"重要思想、科学发展观、习近平新时代中国特色社会主义思想的基本观点教育,以社会主义物质文明、政治文明、精神文明建设常识为基本内容,引导学生紧密结合与自己息息相关的经济、政治、文化生活,经历探究学习和社会实践的过程,领悟辩证唯物主义和历史唯物主义的基本观点和方法,切实提高参与现代社会生活的能力,逐步树立建

---

① 张耀灿. 思想政治教育学科建设研究[M]. 北京:中国人民大学出版社,2017:297-298.

设中国特色社会主义的共同理想,初步形成正确的世界观、人生观、价值观,为终身发展奠定思想政治素质基础。人的素质有思想政治素质、文化素质、心理素质、身体素质等。虽然思想政治课程也承担着培养思想政治素质之外的其他素质的任务,但为学生终身发展奠定思想政治素质的基础是它的根本任务。因此,把对学生思想政治素质的评价放在突出位置,是高中思想政治课程的内在要求和重要特征。高中思想政治课既要考查学生掌握和运用相关知识的水平和能力,更要全面反映学生思想政治素质的发展状况。

对学生思想政治素质的评价要进行全面、客观的记录和描述。如果一叶障目,只见树木,不见森林,或者想当然,评价就不能真实地反映学生的学习状况,就不能促进学生的发展,也会有失公正、公平。

对学生思想政治素质的评价,要注重考查其行为,特别要关注其情感、态度和价值观方面的表现。学生思想政治素质如何,不仅要看其写得如何、说得如何,更要看其做得如何。行为有时也有假象,而情感、态度、价值观的变化才是内心真正的变化。

四、新课程强调学生既是评价对象,也是评价主体

新课程强调,评价是促进学生、教师、学校发展的手段,这就决定了学生既是评价对象,也是评价主体。在评价过程中,学生不是一系列考试的消极应付者,而应该是一系列评价的主动参与者。教师、学校、同学对学生的评价最终要通过学生的自我评价起作用。以往的学习评价,教师往往充当学生发展和学习状况的裁判员或者"法官",教师评价的结果具有绝对的权威性。改变这种状况,落实学生作为评价主体的地位,是新课程评价的重要追求。

学生参与评价包括教与学两个方面。让学生进行学习评价,是培养学生自我评价、自我反省与自我监控能力的有效办法。同样,让学生参与教学评价,是发现教学中优势、问题,改正、调整教学的有效办法,还可以提高学生的批判性思维,让他们学会交流、合作与分享。

培养学生的自我评价意识,发展自我评价能力,要采用多种方式。评价可以采用书面形式,也可以采用口头表述形式,评价可以围绕学生在

集体生活或某一特定的活动中的各种表现进行,也可以针对各自不同的学习观念和学习效果展开。教师要为学生提供相应的自我评价的机会。例如,可以召开座谈会,听取学生对教师上课状况的评价;可以让学生自己建立自我反省本,总结考试的得与失;可以让学生自我总结前一阶段学习的成果,提出下一阶段学习的目标;可以是同学之间对问题的见解、作业情况等进行互相评价。

五、对学生的能力发展要给予肯定性评价

学习评价过分注重评价的甄别、选拔功能,会使相当多的学生不断品尝"失败的痛苦",挫伤他们的自信心和自尊心,逐步消磨掉内在的学习动机,甚至产生紧张、疑心、冷漠等心理。针对学习评价中的这一问题,新课程提出要强化激励功能。例如,对学生的沟通、合作、表达能力,搜集与筛选多种社会信息、辨识社会现象、透视社会问题的能力,自主学习、持续学习的能力等,都要注重从积极的方面,用发展的眼光给予评价。这样,可以让学生保持健康向上的心态,为学生的学习创造良好的心理环境;可以使学生从评价中得到成功的体验,从而激发学生的学习动力,使他们积极参与学习活动,以达到促进学生发展、提高教育质量的目的。为此,要求思想政治课程教师随时关注学生在学习活动中的表现与反应,给予必要的、及时的、适当的鼓励性、肯定性评价。

强化激励功能,对学生的能力发展给予肯定性评价,要建立在对学生的学习过程及其发展变化有深刻认识的基础上,强化激励功能对学生进行肯定性评价,并不是对学生一味地表扬或"藏拙"。如果没有明确的评价目标、准确的观察、恰当的评价,而是随意地激励、肯定,是无法对学生起到促进作用的,而且有可能对学生产生消极影响,造成很多学生只能听表扬,不能听批评,认识不到自己的缺点和不足,从而产生盲目乐观心理。随着学生认识自我的能力和愿望的提高,他们并不满足他人简单的评价。例如,教师对学生的课堂行为只是"一味地好好好式"的表面化、形式化的激励和肯定性的评价,学生会感到空洞乏味。所以,强化激励功能,对学生的能力发展给予肯定性评价,一定要恰如其分,体现教师教学的智慧。

六、在教学中把形成性评价与终结性评价结合起来

根据评价发生的时机和所具有的功能,评价分为形成性评价和终结性评价。形成性评价是在学生日常学习过程中进行的评价,是侧重对学习过程的评价。终结性评价则是指在学期、学年末或某一阶段学习结束时对学生进行的评价。以往对学生学习思想政治课程的学习评价以终结性评价为主,过于强调以理论知识为主的学业成绩,过于强调对理论知识学习结果的评价,而对学生参与学习过程的积极性、主动性、创造性等的评价重视不够,更看不到学生内心演变的过程、思想政治素质变化的过程。这容易忽视学生在学习过程中的努力和进步因素,削弱学生的进取心和自信心。而新课程实施中的学习评价不仅注重结果,更关注发展变化的过程,注重在发展过程中多次、即时、动态地实施形成性评价,使终结性评价与形成性评价有机地结合起来。这就要求我们既注重对学生思想政治课程基础知识的理解和掌握的现实状况进行评价,更注重对学生在思想政治课程学习过程中的参与状态、学习方式、思维方式及学生在学习过程中表现出来的主动性、创造性和积极性等进行评价。形成性评价的建立不但有其自身的优点,能最大限度地调动学生学习的主动性、创造性和积极性,而且符合事物认识和发展的规律。学业的完成,要经历必要的过程,思想政治素质的状况更要在特定的过程中表现。同时,终结性评价应建立在形成性评价的基础上,与形成性评价相结合,才能保证评价的真实、准确、全面。

形成性评价是动态的、即时的,其评价方式具有很大的灵活性,给教师留下了很大的创造空间。要使形成性评价的理念落实到实践中,我们事先要构建一套比较完整、比较合理的评价指标。例如,构建评价学生参与某种研究性学习活动的指标要求,构建评价学生进行即席演讲的指标要求等。有了这些可操作的评价指标要求,教师才可能在教学实施过程中实实在在地根据搜集到的有关信息,对学生学习的过程或完成任务的过程进行细致的诊断和评价,进而对学生提出有针对性的指导意见。

七、采用开放的教学观念评价教师的教学工作

以往对教师的教学评价制度建立在教师需要监督、管理、激励、惩罚才可以提高工作效率的观念上。评价标准多着眼于教师个人的工作表现和学生的学习成绩，评价的结果往往与提职、晋级、加薪、增加奖金等重大利害关系联系在一起。这种面向过去的奖惩性教学评价机制，在一定程度上对学校管理和发展起到了积极的作用。但这种作用是自上而下的，只能引起少数人的响应，对教师整体素质的提高和影响是有限的，也难以引起教师积极主动的工作热情，反而可能导致教师心理上的压力、教师间的不正常竞争、教师与领导间的矛盾。这种评价机制应改变为在更大范围内、更深层次上调动全体教师参与课改的积极性。对教师的教学评价要淡化评比和奖惩，突出发展性评价，着眼于发挥教师工作的积极性，改进教学和促进教师的专业成长。对思想政治教师的教学评价来说，在激发教师不断进取的积极性和创造性的同时，更要有利于教师自身的思想政治素养的提高，做出良好的行为表现，保持对本课程教学工作的热情和信心。只有这样，才能促进教师素质的全面提高。

所谓开放式的教学评价，就是要采取以教师自我评价为主，学生、同事、学校领导、学生家长和教科研人员共同参与的评价方式。

教师自我评价是教师专业成长的内在机制，是开放式教学评价的关键。这种自我评价要求教师本人对自己的教育教学工作进行评析和反思，让教师自主发现教学中存在的问题，并积极寻求具体的改进策略。在教学评价中之所以要强调教师的自主评价，主要是因为教师是实施教育教学工作的主体，只有他本人最了解开展教育教学的外在环境和内在条件，清楚所教学生的水平、特点与需求，知道自己在教学设计与实施环节中的内心历程。只有充分听取教师的自我剖析，才能作出贴切的、富有建设性的评价意见。从另一角度看，也只有教师的主动参与，评价结论和建议才能真正被教师接受，才能最大限度地激发教师自我改变、自我完善的欲望和热情，才能使教师真正从评价过程中获益，激励和促使教师不断改进教育教学水平。

开放式的教学评价特别关注教师是否认同并完成课程教学目标，是

否尊重学生的自主发展和人格完善,而不能以学生考试成绩作为唯一标准。青少年政治思想的培育对全社会精神文明建设具有基础性的作用。教育的功能不仅是知识与技能的传授,也是传承和培育文化传统、思想意识、道德品质和价值观念的过程。思想政治课程是以体现教育的后一个功能为主的。教学目标是课程的灵魂,规定着课程的方向,也规定着课程的基本特征。所以,对教学的评价,特别要关注教师是否认同并完成课程教学目标,是否尊重学生的自主发展和人格完善。传统的教学评价是智育一枝独秀,学生的学习成绩成了评价教师教学的唯一标准,评价结果与教师利益紧密相关,分数的功能被强化,不少教师为取得学生的高分不惜违背教育教学规律,忽视了对学生综合素质的培养。对这种情况应予纠正。

八、对思想政治课程知识目标的达成进行评价

对知识目标的评价,既包括对应该掌握的理论观点和原理的评价,又包括对应该掌握的应用性知识及其操作规范的评价。

对知识目标的评价,要注重考查学生对知识意义的实际理解和把握。对知识,不可以仅仅是单纯的记忆。学生要从整体上了解经济领域、政治领域和文化领域的社会生活现象,理解和把握必要的、在生活中发生功效的人文社会科学知识。我们评价知识目标要针对学生学习思想政治课程时应该接受的知识情况作出。例如,对社会主义物质文明和精神文明丰富内容的理解情况,对现代社会生活方式、行为方式和思想方式特征的掌握情况等;对应用性知识及其操作规范的评价,主要是评价学生在了解现代公民道德的基本要求和民主生活的法律规范后,对这些要求和规范自觉遵守的情况;在面对世界和人生的时候,懂得运用马克思主义的基本观点作出行为和思想的解释;会用多种方法,特别是现代信息技术,搜集、选择和处理社会信息的技能等。

此外,对知识目标的评价,要注意学生对有关目标的陈述情况,学生在表述中使用不同的行为动词,就体现了他们对于概念、原理、观点、方法等内容有不同的理解程度。

九、对思想政治课程能力目标的达成进行评价

对能力目标的评价,既包括对学生学习能力的评价,又包括对学生实践能力的评价。我们在评价中既要注重对学生运用理论观点、原理的能力的评价,又要强调对学生动脑思维、动手操作能力的评价。

对能力目标的评价,要根据学生在教学活动过程中的表现进行动态的、综合的、有侧重的评价。活动过程包括提出问题,制订计划,开展活动,观察并体验各种现象,开展讨论和分析,对讨论和分析结果的表述、交流等方面进行评价。根据活动的具体内容,可以有侧重地选择某些方面进行评价。

十、对思想政治课程中情感、态度和价值观目标的达成进行评价

对情感、态度和价值观目标的评价,既要坚持正确的价值标准,又要尊重学生的个性表现,关注学生情感和态度变化的趋向。例如,在讲授价值观时,可以开展一次辩论,澄清一个价值冲突的观点,"人人都追求平等,同时又都希望自己成为最好的"。在辩论过程中,可仔细观察每一个学生的个性表现、情感表现、态度取向和价值观念,并对学生的具体情况进行口头或书面的评价。

对情感、态度和价值观目标的评价,主要依据学生在课程实施中参与各类活动的行为表现,以及学生对当前社会现象和问题所表达的情感和持有的观点。例如,学生是否积极参与课程所要求的政治讨论和各类活动;是否能表达出自己真实的情感和态度;是否能自觉地总结自己的思想历程,形成正确的价值观;是否关注当今经济生活、文化生活、政治生活;是否正确地分析各种社会现象;是否能透过现象看到事物的本质;是否能积极地提出自己的观点看法,充分发挥个体的创造性和个性;等等。

十一、教师要以宽容的情感评价学生

我们在教学目标的设计及要求上,要十分关注学生获得知识,发展能力以及情感、态度、价值观的形成与发展,要关注学生学习知识的形成过程。注重过程与结果是课程标准中"内容标准"的一个重要特点,它反映

了课程改革的一个重要追求:既要注重基础知识和技能的给予,更要着力于学生在形成知识过程中的体验,要致力于学生获取知识能力的培养。学结论、背结论、考结论是以知识为中心的,违背了学生的认知发展规律。只有关注学生学习知识的形成过程,并鼓励和创设学生亲历知识形成过程的情境,学生才有自主活动的时间和空间,才有机会发挥其自主性和能动性,也才有可能在体验知识形成的过程中提高多方面的能力。

第二章 高中思想政治教师创新能力的培养

第一节 高中思想政治教师创新能力重要作用

教师的创新能力是教师在教育教学活动中所体现的新颖、独特的分析问题、解决问题、总结问题等各类能力的总和。具体来说，教师的创新能力就是教师对最新教学成果和新的教学理念的接纳和学习，打破原有的教学模式，将新颖的教学方法运用到教学活动中，从而形成一种教学个性鲜明、突出的能力。教师的创新能力是促进教师职业发展、推动新课程改革的关键。教师的创新能力主要由以下几个方面组成：

第一，教材加工开发能力。具体表现为：注重社会现实和教材变化二者之间的联系，对这些联系进行创造性整合，并融入教学内容中。

第二，课堂教学创新能力。运用灵活的方法处理教材，并与学生的实际情况紧密结合起来，在调整教学策略时要充分考虑学生对知识的掌握情况，控制好教学的进度和难度，而且要照顾学生的接受能力；在选择教学方式和手段时要依据实际条件和教学内容，也可以突破地点和时间的限制；在课堂上引导学生进行自主探究式学习，但前提是要把握好教学进度以及保证教学任务能够按时完成；面对复杂的课堂突发事件，能够运用教学机制迅速判断并处理，从而减少课堂突发事件对课堂教学的影响。

第三，学生管理创新能力。详细了解所教班级的特点和具体情况，有着较为先进的班级管理理念；有着较强的观察力，能够及时观察到学生身心方面发生的变化，了解其发展的动态并制定相关措施；依据学生的具体情况制定教学策略，因材施教。

第四,实践性教学及知识拓展能力。关注教育前沿的发展,并能够将前沿的教育理论和教学技能运用到教学中;知识储备丰富,能带领学生做相关的科学研究,并进行引导和帮助;将课外知识与课程教学相结合,重视课程研发工作,合理利用学校的资源。

第五,教学研究能力。能够熟练掌握教育理论,并具备较强的研究能力,在对教育理论参考借鉴的基础上对其进行改造和整合;具有扎实的写作和理论表达能力;注重教学经验的积累,善于对教学经验进行总结,从中提取精华,生成相关的教育理论,并且能将其创造性地运用到教学实践中。

当前,培养高中思想政治教师的创新能力具有十分重要的作用。

一、有利于高中思想政治课程改革的顺利进行

课程需要创新,而课程变革实际上就是对课程进行的创新①。课程改革历来是改革篇章不可或缺的一环,当前我国的课程改革是建立在历年课程改革的基础上,向一个更高、更深、更为全面的层次上发展的,在深度和广度上都向更高质量的教学发展。随着新课改的不断深入,新课程理念对学习方式和学习理念提出了更高的要求,使之不断向更加科学、先进的方向发展。在新课改的影响下,广大教师也积极突破固定教学模式的约束,努力践行新的课程理念,用新的思维来思考问题,在教学中敢于创新。课程改革的同时,政治课标也在发生着变化,最新的思想政治课标突出体现了党的十九大精神,十九大提出要在理论、实践、文化等各方面进行创新,同时也对高中思想政治课教学模式、教学方法、课程体系、教学评价等进行了改革。新的课程改革对政治教师提出了新的要求,所以高中思想政治教师在教学中要贯彻十九大的创新精神,将其融入教学中。高中思想政治教师除了承担传授知识的职责外,还需要不断更新观念,积极探究,具备较强的创新能力,遵循学生成长规律和教学规律,促进学生全面而有个性的发展,从而为学生创新精神和实践能力的培养提供保障,使其更好地适应时代发展潮流。高中思想政治课程教学质量的高低在一定程度上取决于教师本身水平的高低,高中思想政治教

①刘志军.教育学[M].北京:高等教育出版社,2011:125-132.

师是课程改革的实践主体,其创新意识、创新能力对课改起着十分重要的作用。所以,加强对高中思想政治教师创新能力培养的研究,将有助于推动高中思想政治课程改革的顺利进行。

二、有利于促进教师的职业发展

提高高中思想政治教师的专业水平是普通教师向优秀教师转变的重要途径。一个教师专业的成长至少包括三个方面的内容:第一,是学科教学知识,包括教育心理学、教育知识、政治学科知识、政治学科的专业知识以及对学生认知的知识;第二,是教师的教学技能,包括备课、授课、课后反馈、作业设计、课堂管理、微课设计等方面的政治教师专业技能;第三,是基于教学而拥有的较强的教育科研能力,包括教学计划、教学反思、教研论文、课题研究等方面的能力。培养高中思想政治教师的创新能力会对这三个方面的能力有引导和促进的作用,因此,高中思想政治教师若是希望自己在专业领域持续发展,在自己的教学领域有新的突破,则必须提升自身的创新能力,创新必然伴随着发展。具备了一定的创新能力,高中思想政治教师才会顺应不断变化的工作环境,及时更新教学理念和方式,发现新知识、新办法,解决新问题,同时也会提高自己教学中处理问题的能力,丰富自己的职业经验。在这个过程中,高中思想政治教师的学术水平和职业素养也会得到提升,从而促进高中思想政治教师的职业发展。

三、有利于促进思想政治学科教学理论的发展

高中思想政治学科的教学理论的发展,与教师的实践是分不开的。高中思想政治教师是教育教学的实践者,对教育实践发挥着不可替代的作用。高中思想政治教师应充分把握政治学科的发展规律,在符合发展规律的同时,加强专业知识的学习,提升自己的科研水平,提高自身的创新能力,从而不断丰富高中思想政治学科的教学理论。知识在于积累,高中思想政治教师时刻充实自己,提高自身的创新能力,能够充实高中思想政治学科教学理论,定会硕果累累。随着社会的不断更新和发展,教学理论也在不断地更新和发展,科学的教学理论大部分源于教学实

践。当前高中思想政治学科理论还有很多地方不完善、不成熟,通过培养高中思想政治教师的创新能力,能够使教师用新的方法解决教学实践中出现的问题,并使之转化成相关的教学理论,有利于高中思想政治教师教学理论的发展和完善。

四、有利于解决教学中的现实问题

高中思想政治学科具有较强的综合性,所涉及范围也比较广,再者由于受传统教学观念的影响,在教学中难免会出现各种各样的问题。培养高中思想政治教师的创新能力会使教师对这些问题做针对性的研究,促进问题的有效解决。

虽说新课改的大力推行,使高中思想政治教师的教学有了一定程度的改善,但当前处于新旧教育观念更替的时代,高中思想政治教师难免会受到传统教学观念的影响,在教学中倾向于机械背诵,往往依据学生的学习成绩来评价学生。另一方面,在教学的过程中,高中思想政治教师往往以传统的教学方法为主,很少突破原有的教学方式。传统的高中思想政治课堂过于突出教师的主导地位,学生处于被动的地位,课堂氛围比较压抑,对激发学生的学习兴趣以及调动学生的积极性产生不利影响。培养高中思想政治教师的创新能力,可以使得高中思想政治教师改变以往的教学方式,在教学中创新教学方法,注重学生对知识的理解。在发挥教师主导作用的同时,尊重学生的主体地位。在探讨问题时发挥学生的主观能动性,对学生进行积极的引导,使学生在探讨学习的过程中得出问题答案,从而更好地适应学生的发展[①]。

再者,由于一部分高中思想政治教师的教学技能欠缺,培养高中思想政治教师的创新能力可以提高教师的教学技能。多媒体等现代教育技术的运用,是提高高中思想政治教师的创新能力必不可少的手段之一。由于高中思想政治课程的部分内容是比较抽象的,仅靠板书和口头讲解很难有助于学生的理解,而多媒体有形象、具体、直观等优点,能将复杂的知识简单化,有助于学生对知识的理解,激发学生学习的兴趣,提高课堂效率。高中思想政治教师通过对多媒体的运用,能够逐渐掌握多媒体

①李本松.思想政治教师的教学创新能力[J].中学政治教学参考,2012(25):24-26.

的各种操作技巧,从而有助于教学技能的提高。另外,教育前沿的教育理论和方法也是培养高中思想政治教师创新能力所要重视的,高中思想政治教师在参考借鉴的基础上,将前沿的教育理论和方法融入教学中,也有助于教师教学技能的提升。

总之,创新能力的培养是素质教育的核心,它是依据人的发展和社会发展的需要,以全面提高学生的能力为根本目的,以尊重学生主体和主动精神,注重开发学生的智慧潜能和形成学生的健全个性为根本特征。因此,每位思想政治教师都应该善于发现并开发自己的创造力,以新的方式和手段,高效地处理教学中存在的实际问题。

第二节　高中思想政治教师创新能力不足的原因

高中思想政治教师的创新能力,关系着高中思想政治教学的质量,同时也是新课程改革的重要内容。新课改以来,高中思想政治教师响应新课改的号召,在教学方面进行创新。但由于经验缺乏及动力不足等原因,大多数思想政治教师处于被动的地位,对于教学创新只是简单地模仿,收效甚微。尽管学校对高中思想政治教师创新能力的培养也做了一定的努力,但是在落实的过程中,还存在不少问题,具体的创新环境、创新氛围、创新激励机制、条件等也存在不足。教育主管部门的不够重视,也是影响高中思想政治教师创新能力培养的一个重要原因。

一、高中思想政治教师的创新意识淡薄

创新意识作为一种创新意向和念头是个体在实践活动中萌发出来的,创新意识最突出的特点是自觉性和能动性[1]。长期以来,高中思想政治教师受到传统的教学模式和教学观念的影响,在教学中很难有所突破,而宽松的课堂氛围、发挥学生的主观能动性是进行教学创新的关键,但在现实中,师道至尊的观念对高中思想政治教师影响很深,在教学中

---

①沈成玫. 浅谈新课改下高中政治教师的创新教学[J]. 新课程(中学),2015(12):
　　81-85.

只注重自己的主导作用,而学生的主体地位往往被忽视,在课堂中学生表现得很被动,教师往往意识不到这一点,这也就导致了高中思想政治教师创新观念差、创新意识淡薄。知识对意识的生成具有促进作用,目前,高中思想政治教师由于工作繁忙等缘故,会疏于对理论知识的学习,从而导致教师的专业知识和相关的创新理论知识储备不足,缺乏提高创新意识的条件。另外,由于创新教学对于高中思想政治教师来说是相对新颖的,还有一部分对教师是比较陌生的,因而即使他们有创新教学的想法,但由于创新理论知识和相关专业知识的缺乏,教师在教学中很难找到出发点,这样会削弱教师的创新意识,致使教师的创新意识不强。

二、高中思想政治教师的问题意识不强

问题意识是生长新思想、新方法、新知识的种子。课程改革实施后,许多学校在课堂中注重学生问题意识的培养,以响应国家创新型人才培养的号召,但很少关注教师问题意识的培养。如果高中思想政治教师缺乏问题意识,很难产生新的教学思想,在教学中也就不会运用新的教学方法,从而影响创新型人才的培养。高中思想政治教师创新意识缺乏主要有两个方面的原因:一是高中思想政治教师在长时间的教学中,会形成一种固定的教学思维和习惯,即思维定式,并且由于工作繁忙,往往会忽视教学中产生的一些新问题。这使得高中思想政治教师在教学中往往依靠固有的经验,很难在教学中有所突破,也就限制了问题意识的形成。二是高中思想政治教师在教学中会遇到一些问题和困惑,但由于教师个人原因,觉得这些问题不重要或者很难解决,便选择了放弃,而没有对这些问题进行质疑或思考。长此以往,就会降低自己对问题的敏感度,也就难以培养问题意识。

三、高中思想政治教师的科研能力不足

培养教师的创新能力,推动教学创新,必须在教学研究中进行,所以培养教师的科研能力是提高教师创新能力的关键。当前的教育处在由传统型向现代化过渡的时期,高中思想政治教师难免会受到传统教学思想的影响,仍将教学作为第一要务,认为搞科研会浪费时间和精力,对教

学工作的顺利进行产生不利的影响,这样的观念导致其教研意识差,科研能力不强。学校不重视教师科研能力的培养,认为教师搞科研会降低教师的课堂效率,影响学生的学习成绩和学校的升学率,对教师的科研能力培养只保留在口头上,缺乏实际行动,即使一些教师在课余时间搞科研,但科研成果不被学校重视,没有精神或者物质方面的奖励,这也就间接地抑制了高中思想政治教师的教研创新能力。

部分高中思想政治教师虽然有搞科研的想法,但由于自身科研知识的储备量少,不了解做科研的正确方法,即使认真做科研工作,也很难有所收获。

虽然一些高中思想政治教师知道自身专业知识不足,专业知识结构比较单一,积极去阅读与教学创新有关的书籍,但更多是自身的原因,他们的阅读效率并不高,不能充分理解书中的内容,有时会觉得阅读这些书籍对教学无关紧要,久而久之就会放弃对相关理论知识的学习,这样会对思想政治教师创新能力的培养带来一定的障碍。

总的来说,当前高中思想政治教师对创新理论知识的学习有待加强,对于专业理论知识的学习也不可忽视。高中思想政治学科是一门综合性较强的课程,包含的知识范围比较广泛,高中思想政治教师也要重视与学科相关理论知识的学习,使自己的专业知识结构不断深化与完善,为自己搞好科研工作铺平道路,从而有利于自身创新能力的培养。

四、高中思想政治教师的创新技能欠缺

创新技能水平是创新能力的重要体现,创新技能缺失会直接影响创新能力的提升。高中思想政治学科的理论性、系统性比较强,它通过深刻的道理、抽象的观点,来引导学生形成正确的人生价值观念。增强学生的学习兴趣,培养他们抽象思维、逻辑推理等能力对高中思想政治教师而言是相当重要的,运用现代化的教学手段,往往能达到事半功倍的效果。虽说网络技术的应用已经发展到很高的程度,网络教学逐渐成为现代教育发展的趋势,但部分高中思想政治教师仍然局限于"黑板+粉笔"的教学方式,不懂得如何运用多媒体进行教学,甚至连最基本的PPT都不会制作,严重影响了教师创新技能的提升。另外,一些高中思想政

治教师不对一些课程资源进行开发和利用,在课堂教学时,没有将现代的教育技术融入课堂中,只按照固有的教学方法教学。学习渠道比较狭窄,缺乏对前沿的教育理论和教学方法的学习,不能用前沿的教育理论知识来指导教学,不能将前沿的教学方法运用到教学中,逐渐与现代教育脱轨。

五、高中思想政治教师创新能力的培养机制不健全

(一)创新激励机制不健全

高中思想政治教师进行教学创新,必须得到学校的肯定和支持。学校只有为培养思想政治教师的创新能力建立健全的激励机制,给予物质奖励和精神奖励,从而激发思想政治教师进行教学创新的动力,才能更好地培养高中思想政治教师的创新能力。但由于受到传统教育的束缚,大部分高中思想政治教师只重视学生的成绩和升学率,高中思想政治教师只有在提高所教班级学习成绩和升学率的条件下才能得到一些物质奖励,教学创新往往只体现在口头上,甚至被忽视,只有少数的高中会对教学创新比较突出的教师给予一定的物质奖励。由于思想政治课程在高中课程中所占的课时比较少,在短时间内培养高中思想政治教师的创新能力是有一定的难度的,如果缺乏相应的创新激励制度,高中思想政治教师会逐渐失去教学创新的积极性。

(二)教学评价机制不合理

学校的教育评估体系是对教师教学成果的检验,同时评估体系所选择的标准又是对某种教育思想和方法的肯定,对教师的教学起着很强的诱导和强化作用。因而合理的教学评价机制,会对教师的创新能力有一定的导向和强化作用,相反,不合理的教学评价可能会阻碍教师创新能力的发展。当前的高中思想政治课,大部分采用的是传统的教学评价方式,其内容过于单一,综合性不强,并没有将教师的创新能力纳入教学评价体系,评价标准比较狭隘。对教师的教学评价往往只看重学生的分数,评价主要依据班级的升学率和学生的成绩而实行奖惩制度,而忽视教师其他方面的成果,比如教师的科研成果、教学创新成果等。这就给

高中思想政治教师带来了巨大的压力,使得其纯粹为了提高学生的分数而教学,在教学中不敢对新的教学方法进行尝试,对学生的评价也过于单一,只按照评价标准、教材来进行教学,不敢有所突破,教学创新的动力就会被抑制。再就是一些学校只重视对教师的综合评价,而不重视评价后的改进,只是在评价后对教师进行奖惩,而并没有向教师提出教学中存在的问题以及改进的建议。这种单方面的教学评价会使一些教师也不注重自我评价和分析,会弱化教师自我反思的能力,对自身教学创新能力的发展缺乏独立的认识。

(三)教师培训机制不合理

目前,学校对教师的培训包括入职培训和在职培训两个方面,其中在职培训是主要方面。但一些学校对教师的在职培训并不重视,主要是培训方式比较单一,且培训落实不到位,多流于形式。有些学校虽然意识到教师创新能力培养的重要性,但对教师仅仅发了一些相关教材,并没有实际行动,比如没有加强对教师现代教育技术应用的培训,没有组织教师参加各类学术研讨会等。部分高中思想政治教师在这种观念的影响下,对培训采取敷衍的态度,从而导致其创新能力得不到提升。

第三节　高中思想政治教师创新能力培养的对策思考

新课改理念对于高中思想政治教学与教师教学创新都提出了更高的要求,高中思想政治教师也在教学过程中积极尝试对政治学科的创新改革。在新形势下,培养高中思想政治教师的创新能力对高中思想政治教师教学的作用越来越重要。

一、创新意识的培养

创新意识不强的教师很难培养出具有创新能力的学生。培养教师的创新能力最终的目的是培养学生的创新能力,提高学生的综合素质,促进学生的全面发展,因而培养教师的创新能力成为提高学生创新能力的前提条件。影响高中思想政治教师创新能力培养的因素错综复杂,但意识是行为的先导,意识直接影响高中思想政治教师教学行为的发展。作为育人的教师,就必须拥有创新意识,才能培养出创新人才①。虽然新课改已经实施了好长时间,但在目前的高中思想政治教学中,传统的教学模式仍然占据主导地位。仅靠传统单一的教学模式很难适应新形势下的教学工作,为此,高中思想政治教师要转变落后的观念,提高创新意识。

(一)明确创新动机和创新目标

高中思想政治教师明确创新的动机,主要取决于高中思想政治教师如何协调职业价值和社会标准之间的关系。高中思想政治教师明确了创新的动机,能够激发其创新的激情,创新能力也会得到提高。社会各界对其认识基本上停留在"师"对于"道"的工具价值,过于注重他们劳动的外在社会价值,将他们的职业视为传递性职业,而不是创造性的职业,不能体现教师的创新精神。在社会的压力下,很多高中思想政治教师仅将教学视为职业,而忽视了这个过程中的创造性,教师创新的激情也很难得到发挥。所以,高中思想政治教师首先要树立正确的职业价值观,对自己的职业要有更加清醒的认识,要将所教学科和社会发展、国家建设紧密联系起来,将教学工作与每个学生的发展结合起来,这样就会进一步提升高中思想政治教师的职业责任感,使高中思想政治教师明确其创新目标,激发其创新动机,从而促进高中思想政治教师创新能力的有效发挥。

(二)重视对创新理论知识的学习

根据调查研究分析,大部分高中思想政治教师对创新能力的培养持积极的态度,有着较为强烈的创新意识,但对创新能力的认识还比较模糊。创新意识的培养和创新能力的形成是实现从知识到能力转换的关键。若是一味强调培养教师的创新能力而忽视相关理论知识的学习,很难有好的效果。因此,高中思想政治教师要重视创新理论知识的学习,

---

①张凤. 培养高中政治教师创新能力的对策[J]. 知音励志,2017(4):119-124.

纠正错误的认识,对创新能力的培养有一个清晰的认知。

一方面,高中思想政治教师可以在课余时间自己查阅、收集有关教学创新的资料,对这些资料认真阅读思考,并做读书笔记,注重知识的巩固和积累。另一方面,学校要对高中思想政治教师提供引导和支持,学校可以开设一些讲座,对创新教学方面的知识详细讲解,对高中思想政治教师进行理论方面的引导;可以向高中思想政治教师提供一些相关的学习资料。例如,可以订阅与教育科研、教育前沿相关的报纸、杂志等,推荐一些创新教学方面的书籍;还可以组织高中思想政治教师进行交流,分享学习成果,从而使高中思想政治教师对创新能力的认识进一步深化,创新素养得到提升。在学习的过程中,高中思想政治教师的创新意识也得到了强化。

(三)尊重学生的主体地位,营造宽松开放的课堂氛围

由于受自身经历以及时代发展等方面的影响,许多高中思想政治教师在教学中会不自觉地形成一种严肃的课堂氛围,在实际的教学过程中,往往使自己的主导地位过于突出,而不重视学生的主体地位,从而营造出严肃的课堂氛围,这使得学生在课堂中处于被动管制的状态。新课改要求教师要遵循民主性的教学原则,民主的课堂氛围对学生的发展有相当重要的积极作用,如果学生感觉课堂氛围过于严肃,就不会大胆地表达自己的想法,这样会妨碍他们独立思考问题,影响师生之间进行深入的探讨和交流,教师也就很难发现在教学过程中存在的问题,创新能力得不到提升。因此,高中思想政治教师要转变传统的观念,遵循民主性原则,尊重学生的主体地位,在课堂教学时要营造一种宽松开放的氛围,建立民主、和谐的师生关系。学生和教师地位平等,高中思想政治教师在教学中会形成一种宽松自由的氛围,学生在这个环境中会积极表达自己的观点,教师会和学生展开积极的讨论,这样才能引发对问题的思考,发现在教学中存在的问题,运用新的方法去解决教学中存在的问题,在这个过程中,高中思想政治教师的创新意识会逐渐得到提升。

二、科研能力的培养

教育科研能力是创新型教师的重要标志之一,是教师创新能力的具体表现。教育科研是教育活动的追求和探索,同时也是教师职业能力素质和知识素质的综合体现。高中思想政治教师进行科学研究必须具备良好的科研素养,同时还要有一定量的知识作为支撑,教师储备丰富的知识,有良好的科研态度,才会在教学科研的过程中进展更加顺利。

(一)掌握科学研究的基本知识和方法

教师做科研是一项复杂的工作,所涉及的知识面比较广泛,在具备扎实的教育理论知识的条件下,还要掌握科研的理论知识和正确的科研方法。高中思想政治教师掌握一定的科研理论知识和方法是做好科研工作的前提,这样教师的科研水平才能够不断得到提升。因此,在科研理论知识方面,科研理论知识是进行科研的前提和保障,高中思想政治教师进行科学研究必须学习科研的相关理论知识,清楚地了解科研所要遵守的基本原则和具体的实施过程,能够熟练掌握科研的基本知识;在科研方法方面,一项教育科研在确定课题后,选择与所研究课题相适应的科研方法至关重要,因为它是实现科研目标的工具和手段,在很大程度上决定教育科研的价值和效果。调查法、观察法、教育实验法、文献研究法是较为常见的教育科研方法,高中思想政治教师要了解并掌握这些教育科研方法,在进行科研时能够熟练运用。

(二)重视对学科专业理论知识的学习

培养高中思想政治教师科研能力,有助于教师更好地解决教学实践中存在的问题。科研能力的提高是一个渐进的过程,善于学习是教师从事科研工作的基本功,是形成和提高教育科研能力的基础。高中思想政治教师在学习中可以提高自己的理论素养,运用相关的理论知识来培养发现和解决问题的能力。因此,高中思想政治教师要认真学习学科专业理论知识,具备深厚的学科理论知识,才能更好地应对教学中所带来的各种问题。高中思想政治教师在做科研的过程中,能够更好地对所学专业理论知识加以运用,以更严谨的态度来对自己的教学内容、教学方法等进行设计与创新,都离不开对学科理论知识的学习和强化。

高中思想政治课程是一门综合性学科,它是以马克思主义理论作为指导思想,同时吸收和借鉴了许多方面的学科知识,如伦理学、社会学、心理学、逻辑学等。因此,高中思想政治教师必须转变疏于学习、研究的状况,在强化学科专业理论知识的同时,也要注重对相关学科理论知识的学习。能够将各类理论知识熟练掌握、融会贯通,在做科研的时候就能够清晰地分析问题,切中要害,给教学工作带来巨大的效益。

(三)提高自身的科研素养

做科研是一项艰辛和复杂的工作,要付出大量的精力,需要长时间地坚持和积累,才能有效果。在科研探索的过程中,是比较枯燥乏味的,高中思想政治教师如果不具备一定的科研素养,在探索教学创新的过程中就会知难而退、前功尽弃。因而高中思想政治教师要具备良好的科研素质,要有坚韧的毅力和吃苦耐劳的精神,在做科研时要脚踏实地,切忌心浮气躁、急于求成,虔诚地对待科研,才能保持良好的状态,全身心投入科研工作中,提高科研效率。高中思想政治教师进行教学科研要具备的科研素质:第一,要树立科学的价值观,提高自己高度的教学责任感,养成求真务实的工作作风和精益求精的治学态度;第二,要遵守相关的科研规则,结合教学的实际和学生的学情来分析思考问题,严于律己,不弄虚作假;第三,要有良好的团队合作意识,做科研不可闭门造车,要与其他教师多多交流,在交流中能够增长知识、借鉴经验、开阔视野,从而不断提升和完善自我。

三、问题意识的培养

问题意识可以激发高中思想政治教师勇于探索、创造的精神,高中思想政治教师如果缺乏问题意识就不会深入思考,思想政治课程教学只能是一种形式,失去了应有的意义,这样对教师的发展以及学生的成长是极为不利的。增强问题意识是教师提高科研创新能力的切入点。通过培养高中思想政治教师的问题意识可以帮助教师养成对教育教学问题反思的习惯,提升教师的教学水平,促进政治教师专业的发展,同时也可以培养高中思想政治教师的创新能力。

（一）发挥主观能动性

培养高中思想政治教师的问题意识。高中思想政治教师要发挥自身的主观能动性，对教学方法、教学理论和教学模式不断地进行探索，勤于反思，敢于质疑，积极参加学术讨论研究，时刻关注学科的发展动向，了解和学习高中思想政治学科发展的最新动态及优良成果，乐于尝试新的教学理念和方法，总结教学方法与规律。掌握了科学的教学方法与规律，才能丰富教学内容，提高教学的质量，从而使自身的创新意识得到提升。同时，高中思想政治教师也要具备一定的批判精神，敢于对现有的结论或知识进行批判，敢于质疑权威，才能发现新问题，建立新颖的理论或者学说，这样会使高中思想政治教师形成正确的教学理念，强烈激发高中思想政治教师的问题意识。在提高高中思想政治教师创新能力的过程中，提高高中思想政治教师的问题意识是十分关键的，因为只有教师意识到教学过程中存在的问题，才能有效地发挥自己的主观能动性，才能在教学中大胆地尝试，推动教学的创新。

（二）对自己日常的教学行为进行反思

高中思想政治教师可以通过自我反思来培养问题意识。即使再优秀的高中思想政治教师也会有不足的地方，况且课程改革对教师提出了新的要求，高中思想政治课更需要更新，与时俱进。因此，高中思想政治教师应该对教学中的误区进行反思、分析和交流，寻找新的对策和方法，虚心接受同事和学生对自己教学的看法和建议，通过反思来培养自己的创新意识。另一方面，高中思想政治教师可以通过案例分析和写教学日志的形式来培养问题意识。高中思想政治教师在平时注意搜集典型的教学案例，对这些案例进行分析和研究，发现其内在的规律，是培养问题意识的一种重要方式。高中思想政治教师在课后将课堂上生成的新问题、成就感以及失败的体会记录下来，并进行思考和分析，也可以培养问题意识。

（三）注重对学生的反馈意见分析和总结

高中思想政治教师在教学中采取的方式是否合理,学生的接收效果如何,教师的主导地位和学生的主体地位在教学中怎样才能更好地有机结合,怎样做才能有效实现三维教学目标,对于这些问题,高中思想政治教师应该听取学生的意见,积极采纳学生的合理化建议。因为高中思想政治教师的工作最终是为了学生发展服务的,一切的归宿要体现在"为了学生的发展"上,要考虑怎样做才能激发学生对政治课的兴趣,才能促进学生综合素质的发展。注重对学生反馈意见的分析和总结也是高中思想政治教师培养问题意识的一个有效途径。

（四）在教学研究的过程中培养问题意识

参加与自己的教学有关的各种教研活动,对于教师问题意识的培养有重要的价值和意义。教研活动为高中思想政治教师提供了一个交流学习的平台,教师之间能够互相交流经验、相互借鉴。一方面,高中思想政治教师可以就自己在教学中有疑问的地方向其他教师请教,从中得到解决问题的方法;另一方面,高中思想政治教师可以从其他教师的问题中获得启示,丰富自己思考问题的思路,从而增强问题意识。高中思想政治教师也可以通过教研反思来培养问题意识。教研反思能够发现教学中存在的各种问题,教师通过不断反思改正不科学的教学思路与教学方法,建立更加高效的教学方法能够帮助教师提高教学效率。通过教研反思,在提高教师问题意识的同时也提升了教育教学质量。

四、创新技能的培养

（一）重视现代教育技术的运用

随着科学技术的发展,计算机、互联网等现代信息技术的广泛运用,现代信息技术逐渐被运用于教学活动中,教育现代化已经成为教育发展的趋势,仅靠板书等传统的教学方法,已经无法适应现代教育发展的需要。毫不夸张地说,不掌握现代教育技术,教师的创新能力容易受到限制。因而高中思想政治教师要转变观念,注重对现代教育技术的运用,将科技信息因素渗入到思想政治课程教学中,对高中思想政治课堂的教学方法进行创新。多媒体教学是指借助现代化、信息化的教学媒体,引导学生获取更多不同类型的媒介信息,革新教学结构,以便实现对教育教学水平的提升。在教学中,多媒体是最常用也是比较适合当前课堂教学的一种信息技术设备。高中思想政治教师在教学中应科学运用多媒体,借助多媒体将思想政治学科的理论知识通过图片、视频、符号等形式展示给学生,使抽象的政治知识具体化,内涵更加鲜明、突出,由于多媒体信息中蕴含的世界观、人生观、价值观的积极性比较高,使得在向学生在传授理论知识的同时,也可以加强学生的三观教育,由此使学生的三观得到正确的引导,创新思维和综合素质得到提升,培养学生形成良好的学习习惯,从而促使学生成为全面发展的人,逐渐摆脱传统教学方式对课堂教学的束缚,提升高中思想政治课堂的质量和效率。所以高中思想政治教师要加强对多媒体和网络等现代教育技术学习和运用,将政治知识与现代教学手段相结合,进一步强化高中思想政治课堂的教学效果,提升自身的创新技能。

(二)注重学习教育前沿的理论和方法

教育前沿问题的研究是对当前教育发展最需要解决的问题、教育的发展趋势等方面的研究,所提出的理论和方法具有很强的创新性和时代性,是推动教师进行教学创新发展的源源不断的动力。高中思想政治教师要加强对当前教育前沿理论和方法的学习,以此来指导自己的教学实践,提高教学创新技能。学习的方式是多种多样的,教师可以在网上查找教育前沿理论和教学方法,可以翻阅相关的书刊,也可以听政治学科领域专家学者的讲座,与业内著名人士交流,了解政治学科发展的最新动态。要注重对这些理论和方法的思考、总结和积累,在教学中也要敢于尝试,用新的教学理论和方法来指导教学,使其更好地为自己的教学服务。教师在对教育前沿理论和方法学习的同时,也要结合学生身心发展的特点和自身教学的实际情况,遵循教学发展规律,参考借鉴适合自己教学需要的前沿教育理论和方法,改进自己的教学方法,给高中思想政治课程创新发展注入新的活力,才能充分把握好教育前沿的理论和方法,并能够将其熟练地运用到教学中,提高自身的教学创新技能。

五、构建教师创新能力培养机制

(一)建立健全创新能力激励机制

学校要以科学的教学管理来培养高中思想政治教师的创新能力,教育管理通过建立健全激励机制可以激发和强化高中思想政治教师的教学动力,为高中思想政治教师创新能力的培养提供现实的条件和保障。学校管理者在建立健全创新机制上发挥着重要作用。学校管理者要以现代教育理念和先进的管理理论为指导,把握教育发展规律,结合学校的实际,建立鼓励高中思想政治教师进行创新的激励机制,并不断完善,从而形成健全、规范、统一的创新制度体系,改善高中思想政治教师的工作状态和环境,激发高中思想政治教师的创新活力。

心理学研究表明,人的内部需要与环境的互相作用决定人的心理和行为,所以管理者不仅要依靠行政命令来进行管理,也要把激励机制运用到高中思想政治教育教学管理中,化消极为积极,以积极推动创新,将高中思想政治教师的工作表现、教学成绩、切身利益结合起来,激发高中思想政治教师的创新精神。为培养高中思想政治教师的创新能力,学校要学会从物质和精神两个方面着手。物质条件是高中思想政治教师进行教学创新的基础和保障。要坚持按劳分配的分配原则,多劳多得,设立贡献奖、成果奖、创新奖等;制定赏罚分明、操作科学的管理条例,为培养高中思想政治教师的创新能力提供充足的条件,鼓励高中思想政治教师在教学中进行创新,激发高中思想政治教师的教学创新动力,高中思想政治教师就会更加积极主动地去探索、去创造。

在进行物质激励的同时也要重视精神方面的激励,精神激励可以对物质激励起到一定的弥补作用。精神激励可以激发教师内在的动力,是一种更高层次的激励,精神激励有多种多样的形式,比如荣誉激励、职称晋升、情感激励等。学校可以每学期召开优秀教师评选会议,评选创新能力较为突出的高中思想政治教师,并定期张榜公布。

（二）建立健全教师创新能力评价机制

对教师教学创新能力的评价研究，不仅能够为教师的教学创新能力现状进行诊断和鉴定，而且可以为教师创新能力的发展起到导向和监督作用。建立合理的教学评价机制，会对高中思想政治教师创新能力的发展起到激励和强化作用。首先，学校要将创新能力纳入教师的评价体系，不能仅以学生的学习成绩作为评价教师教学的标准，培养全面发展、个性突出的学生是新课改的要求，因而学校对高中思想政治教师的教学评价要看高中思想政治教师的课堂互动是否最大限度地调动了学生的积极性和主动性，是否最大程度地挖掘了学生的潜能，促进了学生个性的发展，以学生的精神风貌来衡量高中思想政治教师的教学，而不是仅仅看学生成绩的高低，在评价时不能局限于政治教师的一次备课方案或一节课，而要将思想政治教师教学的各个方面综合起来评价。另外，学校也要做好教学评价后的工作，在对教师进行奖惩的同时，也要组织参与评价的教师或者专家学者，向被评教师提出教学中的不足，并提出相关的改进意见，使教师重视对自身创新能力评价和反思，从而起到很好的导向和强化作用。对教师通过建立合理的教学评价机制，更加科学高效地激励并考核高中思想政治教师，使高中思想政治教师的创新能力得到提升。

（三）建立高效的教师创新能力培训机制

学校要建立高效的教师培训机制，来培养高中思想政治教师的创新能力。首先，为了减少教师缺席的次数，鼓励教师主动参加培训，学校可以将各种激励措施和创新能力的培训结合起来，这样教师就会自发地参加各种培训，在培训时积极表现，培训效率就会大大提高，培训不再是走过场。其次，将创新能力的培养作为教学培训的重中之重，学校要结合本校教师创新能力的现状来制订培训方案，有计划、有组织地开展各式各样的培训活动。在培训内容层面，尤其要加强对教师教育创新理论、前沿教育思想、最新学科成果、创新素养等方面的教育培训，注重培养的实效性，从而使培训能够更好地与教师的实际需要相结合。在培训方式上，学校可以邀请业内的专家名师来给教师做相关的学术报告，汇报一些自己最新的科研成果,或者是一些前沿的教学理念。也可以给高中思想政治教师提供一些外出交流学习的机会,让教师能够和业内著名的教师进行交流,向他们询问教学和创新的问题,向优秀的教师学习,弥补自己教学的不足。同时,为了使培养高中思想政治教师的培训机制更加完善,要加强参与培训教师之间的交流与沟通,重视采纳参加培训教师对培训工作的意见,对不合理的地方进行改进,使培训能够更好地适应政治教师发展的需要,做到培训为培养教师的创新能力服务,从而真正提高高中思想政治教师的创新能力。

六、教育主管部门要高度重视高中思想政治教师创新能力培养

(一)政策支持

培养高中思想政治教师的创新能力首先要得到教育主管部门的支持,支持教师在教学中进行创新,从而逐渐消除不适应现代教育发展的陈旧的教育理念,为培养高中思想政治教师的创新能力铺平道路。对于培养高中思想政治教师的创新能力,教育主管部门要高度重视,必须在出台的相关教育政策中作出明文规定,这样才会引起教育界专家学者的关注,致力于这方面的研究,不断出现新的研究成果,推动培养教师创新能力的理论研究,为培养高中思想政治教师的创新能力提供理论支持。同时,也可以引起学校和教师的重视,学校会加大对高中思想政治教师创新能力的培养力度,高中思想政治教师在培养中会更加专注,共同推动教师创新能力的提升。另外,教育管理部门要加大对学校的监督力度,定时检查学校的执行情况,以确保相关政策能够得到贯彻落实。

(二)经费支持

首先,教育主管部门要加大教育经费的投入,改善高中思想政治教师的待遇,适当提高教师工资。教师是靠自己的劳动来实现生存和发展,况且教师任务繁重,工作量比较大,如果工资过低,势必会影响教师工作的积极性。所以要提高教师的劳动报酬,使教师付出的劳动和报酬之间相协调,教师付出的劳动得到了回报,才会全身心投入教育工作中,从而

有利于培养教师创新能力工作的顺利进行。其次,教育主管部门要对高中思想政治教师创新能力的现状进行调查,根据调查得到的情况,适当增加培养高中思想政治教师创新能力的投入比例,对培养高中思想政治教师的创新能力给予一定的经费,针对学习的具体情况合理分配资金,以确保资金的有效利用,缺乏资金的保障,培养高中思想政治教师创新能力就很难得到落实。最后,教育主管部门要定期向校方了解培养的情况,对于培养中存在的问题要及时解决,从而促进培养工作的有效、顺利进行。

第三章　基于翻转课堂的高中思想政治课程创新教学设计

第一节　翻转课堂相关概述

一、翻转课堂的内涵及特点

（一）翻转课堂的内涵

从文献综述来看,针对翻转课堂,研究者从不同角度分别提出了自己的观点,尽管有一定的差异,但也有一些相同的基本点。第一,它必须以信息技术为支撑,如微课制作、网络学习平台的搭建等。第二,传授知识和内化知识有了时空上的变化,学习已经从先教后学转变为先学后教的模式。基于以上认识,我们认为,翻转课堂就是指学生在课外借助互联网技术,获取并使用优质教育资源进行新知学习,教师指导学生在课堂上内化和运用知识,从而达到更好的教学效果的一种教学模式。

一般来说,它主要包括课前、课中、课后三个环节。课前进行前置预学、诊断评价。该环节重在问题设计、资源整合和学情诊断,从而确定学生的学习情况,以此来调整课堂教学,使其更加明确、更具针对性。课中进行针对性教学、内化知识,该环节重在师生之间的交流互动、协作探究等活动的开展,旨在通过活动实现对所学知识的二次内化,真正形成自己的思考与理解。课后进行反思分享、拓展提升。该环节重在实现课堂的延伸,达到知识的拓展,强化知识的广度与深度,提升个人学习能力[①]。

---

①梁哲.翻转课堂校本化研究[M].长春:吉林人民出版社,2019:25-36.

(二)翻转课堂的特点

翻转式教学作为一种新型的信息时代的教学模式,在一定程度上改变了传统教学结构。与传统教学相比,它具有以下特点:

1.颠倒传统教学过程

翻转课堂的首要特点就是颠覆了传统教学过程,并优化了学习的认知环节。传统的教学过程是先教后学,而翻转课堂则恰恰与传统课堂相反,它是一种先学后教。

在课前,学生学习新知。他们自主学习教师事先上传的教学视频和相关资源,并且有针对性地进行练习检测和反馈。在这个环节中,教师发挥主导、引领作用,他们利用自己的理论知识,并结合学生的认知方式、思维特点,对教学内容进行分解和重组,以作出适合学生接受和理解的微课资源。

同时,学生也发挥自身主体性,即学生需要根据自身需要完成相关学习内容,及时记录学习中的收获和可能遇到的问题。此外,学生观看教学视频时,不理解的地方可以反复看,看得懂的可以加速看,充分借助网络资源来拓宽自己的思维和视野,还可以在讨论区提出自己所遇到的困惑和疑难问题,并积极参与师生之间的交流和讨论。

在课上,学生内化知识。教师要根据所学内容以及学生自学时产生的困惑,梳理出大家普遍存在的问题,在课堂上通过自主探究、小组合作、讨论交流、成果展示等方式来解决,加深对知识的理解和内化。最后采用多种评价方式对学生的整个学习过程进行评价和反馈,为他们查漏补缺提供依据。

在课后,拓展提升。教师要布置难度适宜的练习,同时为学生提供丰富的学习拓展资料,以供学生有选择地学习。学生还能够根据教学资源反思自己的学习,加深对知识的理解和建构,并促进知识的迁移。总而言之,它颠覆了传统教学过程,并对教学过程中各环节的功能进行了重新定位。

2.增进师生互动

在翻转课堂中,教师与学生以及学生与学生之间的交流互动比以往更加频繁,这种交流互动不仅仅体现在线下在课堂上面对面的互动,同时也体现在学生课下自学时的线上交流。

课前,学生自行观看教学视频完成基本的学习任务,就学习过程中产生的疑难问题可以发布在网络平台,及时地向教师以及其他同学寻求帮助。教师根据学生的提问,可以随时随地不受时空的限制与学生进行交流和互动。这样的课前学习既有利于帮助教师及时掌握学生的学习情况,又可以帮助教师灵活调整教学进度,以便更有针对性地进行课堂教学。

课中,教师通常根据学生自学反馈,引导学生自主探究或采取小组合作等方式解决问题,同时鼓励展示成果和分享收获。课堂交流和探索有利于培养学生的合作交流能力。

课后,学生可以对前一阶段的学习情况进行总结和反思,抑或在师生、生生间的交流中进行实践检验。通过翻转课堂,无论是线上还是线下,师生之间的交流和互动明显增加。一方面,学生的学习积极性会得到显著提高,使得师生、生生之间的交流更加顺畅。另一方面,有利于形成良好的学习氛围,师生之间互促互学,形成学习上的共同体,充分发挥团体的力量,使得学生学习更加主动。

3. 变革教学方式

翻转课堂在一定程度上改变了教与学的方式,在提高学习效率、培养学生自学能力以及促进个性化学习方面都具有积极的推动意义。

在传统课堂中,教师作为知识的传播者和权威者,统一进行课堂教学;学生作为知识的接受者,一节课40分钟几乎一直处于"听课和做笔记"的被动状态。而翻转课堂使师生角色发生了转变,从以教师为中心转向以学生为中心,增加了教师教学的针对性,同时也体现了学生个性化的学习方式。

课前,学生自主观看教学视频,结合自身实际情况,多次学习反复内化;课中,教师的主要作用是引导和帮助,同时在合作探究的过程中,给予学生更多的鼓励,以提高他们参与活动的热情和积极性;课后,教师可以继续推送一些拓展性的学习资料,学生可以根据兴趣爱好进行有选择性的学习。因此,翻转课堂充分凸显了学生的中心地位,真正做到"先学后教、顺学而导和以学定教",从而促进学生的个性化学习。

(二)翻转教学设计与传统教学设计的比较

翻转课堂在我国的盛行,引起了许多学者的关注和研究。那么,与之相对应的具有决定性意义的翻转式教学设计与传统教学设计之间又有何差异呢?

1.从传统预设向翻转生成的转变

在传统教学中,教师主要任务是传道、授业和解惑,作为知识传授者的教师基本可以按照事先预设好的内容、环节和问题等开展教学,而学生作为知识的接受者,只需要上课集中注意力,积极发言,做好笔记,课后认真完成作业即可达到要求,这是一个"教师在上面讲,学生在下面听"的机械式的学习过程。但在实际教学过程中也会偶尔出现一些突发状况,但总体来说是可控的。因此,传统的教学设计具有很强的预设性。

相比传统教学而言,翻转课堂是一种先学后教的教学模式。在学生课前自学的基础上,教师根据学生学习的成果进行一定程度的检测,教师根据自学检测结果,课堂上组织内容丰富、形式多样(如自主学习小组讨论、情景剧)的课堂活动,以加深对知识的熟悉和了解,完成对理论知识的转换与升华,这样的教学更具有针对性。在这个教学的过程中,虽然课前的学习是基于互联网的,但是网络不能代替人,教师在教学中要对每个学生进行实时监控,确保他们围绕目标,确保教学的有效性。但是由于课前自主学习的松散性和课堂活动的复杂多样性,随时都有可能出现各种突发状况,而这些问题大部分都是无法提前预设的,这就对教师提出了更高的要求,教师要根据实际情况对事先设计好的教学过程作出灵活的变通,课堂带有一定的生成性。因此,翻转式教学设计的预设性较传统教学而言更强。

2.从单一流程转向复杂开放的系统设计

教学设计是对整个教学过程在时间和空间上的一种合理安排。传统的教学设计不论是从外部流程还是从内部流程来看,都具有单一线性的特点。从设计外部流程来看,主要包括分析教材、设计过程、组织实施、课后评价等,整个过程只要设计合理、逻辑清晰、过程完整,教学任务就得以完成,具有单一、线性的特点。从设计的内部流程来看,主要包括教学目标、重难点、课堂导入、讲授过程、课堂小结、课后作业和板书设计等,这些流程都具有单一、线性的特点。

相比传统教学而言,翻转课堂无论是从教学时间、教学空间、教学内容、教学方式和教学评价等方面,都具有复杂、开放的特点。从教学时间来看,教师的教学也不再局限于课堂45分钟的讲授,而是从课前自主学习开始教师就监控学生学习,教学时间相比而言更为开放了;从教学空间来看,学生学习和教师教学的地点发生了根本性变化,学生学习新知的主要场所不再是学校教室,而是在自己家里;从教学内容来看,为了打造高效课堂,教师需要在课前多方搜集资料、整合资源,不再局限于教材和教辅资料,获取资源的渠道更加多样了,教学内容也更加丰富多样了;从教学方式来看,这种教学模式以信息技术为支撑,教师需要掌握和运用现代教育教学技术,课堂不再是教师从头到尾讲述,而是借助于新技术,力图为学生提供生动活泼的学习内容,教师从监督者转变为引导者。从教学评价来看,评价主体、指标和形式都更加多样化了。因此,翻转式的课堂设计具有复杂、开放的特点。

3. 从以教师为中心转向以学生为中心的教育理念

在传统教学中,虽然也强调学生的中心地位,但事实上课堂更多的是由教师一人主宰,教师在整个过程中拥有绝对权威。在进行教学设计时,教师主要通过复习检查过去所学的知识温故知新,创设课堂情境和课堂提问等主要形式等方面来进行设计。在这个过程中,制定教学目标、选择教学素材、把控教学进度等都是由教师一人设计。因此,整个设计过程强调的是以教师为中心的教育理念。

相比传统的教学而言,翻转课堂模式更加注重学生的中心地位,学生才是课堂的主人,从课前到课中再到课后,一系列的活动都紧紧地围绕学生展开。课前,教师需要充分考虑学生现有的学习水平,设定通过自学能达到的新水平。多方搜集资料,制作微视频,以供学生自学;课堂上,通过小组合作探究等方式促进生生交流,让学生在探索和思考中学会发现、提出和解决问题,同时,针对学生自学和讨论中遇到的疑难问题进行个性化的指导和帮助。课后,教师要及时针对学生自评对学生进行评价和反馈。就整个过程来看,翻转课堂是一个活动着的课堂,是一个游戏化的课堂,教师更像是这场游戏的规则制定人,学生才是真正的参与者。因此,这种课堂体现的是以学生为中心的教育理念。

(三)翻转课堂的教育价值

翻转课堂是教育领域的一种新变革,探索其教育价值对于尝试运用并全面推进这种教学模式意义重大。和传统课堂教学模式相比较,它具有以下方面的教育价值:

1.为学生提供自主探究的平台

作为一种新型教学模式,翻转课堂与传统课堂不同的是:对新知识的学习安排在课堂之外,要求学生自主学习,根据已有知识水平对新知识进行了解和熟悉,根据自身的学习程度安排内容和进度。翻转课堂要求学生要有一定的相关资料的基础,以及探究解决问题的方法。这为学生进行自主学习提供了很好的锻炼平台。

目前,在中小学教育教学中,大多数的课堂还是传统的教学状态。部分课堂都是教师讲、学生听的过程。从知识传授的效率来看,不可否认这种模式可以提高教学效率。但是,在获取知识的过程中学生处于被动状态,他们所掌握的知识大多都是由教师直接传授,很难有新的突破。而翻转课堂将学习主动权返还给学生,尊重学生自主学习的能力,信任学生并鼓励学生,在学习过程中启发学生进行自主学习,锻炼学生自主思考的能力、自主探索的能力,从而使被动学习转换为主动学习,在培养学生自主学习和探究能力方面具有重要意义。

2.有利于学生综合素质的提升

第一,有利于培养学生的自我管理能力。翻转课堂模式无论是课前、课中还是课后,都对学生的自我管理能力提出了更高的要求。课前自学过程中,学生需要自主搜集资料,灵活地把握学习进度,有效地组织学习过程,并在课前自学的基础上参与到小组合作的探究性学习活动中,在这一过程中给予学生更多的自主权,在一定程度上避免了传统课堂中被动倾听的状态,有效地锻炼了学生的自我管理能力。

第二,有利于培养学生的时间管理能力。翻转课堂模式要求学生要具有很强的时间观念。一方面,要求学生自主灵活地安排学习进程,及时地检查学习效果,进行自我检测和反馈,并根据自我检测情况确定复习进程。另一方面,要求各讨论小组要把握好有限的课堂时间,在指定时间内完成小组讨论、交流和分享。由此看来,在该模式下组织学习活动的整个过程中,对学生的时间能力提出了更高的要求,久而久之,可以有效地锻炼学生的时间管理能力。

第三,有利于培养学生控制焦虑的能力。学生适应一种新的模式是需要一定时间的,而往往在一开始运用翻转式教学模式时,有相当一部分学生会感到焦虑感明显增加。他们甚至不知道如何使用学习平台,无法控制学习进度和无法掌握学习重点,这就需要教师提供及时正确的指导。但是,随着该模式的深化,许多学生的焦虑情绪逐渐减轻,遇事变得不慌不忙,能够积极寻求解决方案;一些学生也改掉了责备别人的坏习惯,变成了一个勇于承担责任的人。

第四,有利于培养学生的协作能力。协作学习能力体现在,学生在课下自主学习教学微视频,不是一种孤立的封闭式的学习状态。在自主学习新知回到教室里的时候,师生教学发生了变化,学生成为了课堂的主角,教师在课堂上把更多的时间交给学习活动交流,通过小组协作实现知识内化。当然遇到具有普遍性的问题,教师可以进行集中点拨。在这样一种教学模式中,学生的合作学习真正得以实现,协作能力真正得到提升。

第五,有利于培养学生的沟通交流能力。在翻转课堂模式下,小组讨论交流、相互评价与质疑是必不可少的环节。在这些环节中,要求小组成员在提问和讨论时语言表达要简洁明了、逻辑清晰。与传统的以教师讲授为主的模式相比,学生有了更多的表达观点的机会,课堂内的小组分享、小组间的评价和提问为每个学生正确表达自己的观点提供了机会,这对于提高他们的语言表达能力和交流沟通能力产生了一定的积极作用。

3.有利于创新型人才的培养

在传统教学中,大多数的中学课堂都是"教师讲、学生听",在这种课堂中,学生较为被动地等待教师传授知识,即使他们日后的学习积累了非常丰富的知识,但他们早已习惯了这种被动,在一些能力方面,例如自主探究、交流互动等方面缺乏锻炼和培养,而这些能力和素质正是任何一个研究者都必须具备的,甚至比学科知识等更为重要。因此,在这种状况下,翻转课堂的核心价值并非体现在传递知识的效率,而是体现在培养学生的创新能力等方面的突出优势。所以,翻转课堂有利于培养创新型人才。

第二节 基于翻转课堂的高中思想政治课程创新教学设计的流程

教学设计是对课堂活动的合理安排,一堂课成功与否,与教学设计有很大的关系,好的教学设计能够全面挖掘教材思想,合理安排教学内容,有效规划课堂活动,从而优化教学效果。

一、翻转课堂教学设计原则

(一)以学生为主体、教师为主导的原则

在教学过程中,学生的主体地位至关重要。教师在进行教学设计时要始终坚持以学生为中心,站在学生的角度去思考设计各个教学环节。在上课前,教师上传学习资源和微视频,学生自主学习、交流讨论并做好相关记录,学生可以将遇到的问题与同伴进行探究与讨论。在教学课堂中,教师通过自学检测结果,确定疑难、明确问题,鼓励学生自主探索、合作交流、反思分享、加深理解、内化知识,形成自己的知识结构。在这个过程中,学生对于理解不透彻、掌握不牢固的知识可以通过反复观看微视频、多次探索、同伴交流等方式来解决。因此,设计时要始终坚持把学生作为教学的主体,坚持以学生为主体。翻转课堂教学模式下,教师在整个过程中的作用就像一个支架,引导学生学习,看似无事,其实起着关

键性作用。他们需要在课前为学生自学提供资料、管理班级秩序,并给予及时必要的帮助等,这就需要教师在教学设计上下足功夫。

(二)分解知识难度,增加内化次数的原则

受传统教学模式的影响,学生普遍认为,思想政治课的学习只是记忆、背诵,甚至不需要思考。实际上,思想政治课不仅是记忆、背诵,更重要的是知识内化促进情感升华,促进知情意信行的转化。

通常情况下,知识内化需要多次反复内化才能完成。内化了的知识只有融入了个体的信念之中,才能成为学生生活的一部分,使其终身受益,经过这个学习过程,知识的学习才算最终完成。由此看来,知识的内化对于思想政治教学尤为重要。为了改善传统教学僵化的知识传授方式,教师就要严格把控各个环节进行教学设计,形成一个由易到难、由浅入深的思想政治课程学习过程。这一学习过程增加了知识内化次数,分解了知识内化难度,对于培养中学生的行为习惯,树立正确的理想信念,促进知情意信行的转化具有现实的推动意义,有助于培养中学生的必备品格和关键能力①。

二、翻转课堂教学设计的内容选择

对高中思想政治课程之一的"经济生活"进行翻转课堂教学设计,可以说是一种有益的尝试和探索,但并不是所有内容都适合翻转,更不能为了翻转而翻转。为了避免内容选择的盲目性,笔者在认真研读教材和课标的基础上,对教材内容做了归纳总结,发现在某些情况下运用此模式效果较好。主要包括:

(一)抽象的概念、观点和原理

《经济生活》涉及了一些经济学的专用术语、马克思主义的观点和原理。而这些内容往往会使学生感到抽象、概括,所以学习起来有一定的困难。这样的内容主要涉及以下框题:

---

① 张世慧. 翻转课堂在高中思想政治课教学中的应用研究[D]. 武汉:江汉大学,2021:15-20.

1. 揭开货币的神秘面纱

"揭开货币的神秘面纱"是《经济生活》教材的第一课,同时也是整个高中思想政治课程学习的开始。好的开始是成功的一半。李红在研究中谈到了"要借助翻转课堂上好中职计算机的第一课"。同样可以运用翻转课堂上好高中思想政治的第一课,作为开篇之作,其重要性是不言而喻的。上好第一课的目的,一方面在于引导学生正确认识思想政治课,另一方面提升学生学习思想政治课的兴趣。

本课从学生较为感兴趣的"钱"入手,主要涉及正确认识货币的本质、货币的基本职能和纸币相关的知识。这些内容与现实生活联系紧密,对于这个话题学生讨论起来有话可说,但是理论联系实际的能力还有待进一步提高。对于部分知识,例如商品的属性、一般等价物等这些抽象概念,理解起来有一定的困难,如果仅仅依靠教师的课堂讲解,需要花费一定的时间,所以可以采取一些深入浅出的形式来帮助学生理解,因此,课前导学和课堂活动就显得尤为重要。课前,可以针对每一个概念,制作微课供给学生进行课前自主学习。课堂上面对这些有一定生活经历的话题,教师安排讨论或开展课堂活动,学生会有较高的探究热情,能够激发他们的求知欲,取得较好的效果。

2. 我国的基本经济制度

"我国的基本经济制度"课程涉及的都是一些制度层面的知识,理性强,且较为抽象,这样的内容学生理解有难度。在传统的教学中,基本都是处于"教师讲、学生听、下课背"的状态,但是这样的学习效果往往不理想,这样学来的知识并没有真正内化于心。若是采用翻转式教学,在一定程度上可以改变这种状况。

在进行翻转课堂教学设计时,可以参照课程标准的基本要求,课表建议列举实例阐述教材两目内容:公有制为主体、多种所有经济共同发展。课前可以将不同的经济组织形式以教学微视频的方式呈现,学生自学反馈;课堂上,针对自学中的疑难问题,组织有针对性的研究性学习,教师可以提供大量的数据资料和实际案例来引导学生积极思考,使抽象的观点具体化,引导学生知识联系实际,进而使学生明白为什么我国要始终坚持以经济建设为中心。

3. 收入分配与社会公平

在了解我国的分配制度和原则后，"收入分配与社会公平"主要讲效率与公平问题。这些内容较为抽象且带有一定的难度，但也是考试的高频考点，这些知识不论是主观题还是客观题，几乎年年在考，足以说明它的重要性。所以对于本课的教学，教师要尽量做到将抽象的内容具体化。课前教师可以将这些高频的考点作为讲解的重点，录制教学微视频，配备相应的课前导学材料，以供学生自主学习。在自学过程中要注重对学生进行指导，鼓励学生"勤动手、多做笔记"。课堂上就学生较为掌握的内容再进行重点讲解，也可以通过设置连环问题来引发学生的深入思考。例如："为什么会出现效率与公平的矛盾，它们之间的正确关系是怎样的？"这样，师生可以围绕问题进行充分的沟通与交流，以达到内化知识的目的。

（二）基础知识点较多的部分

基础知识是理解重难点内容的前提，基础知识较多的地方也是学生容易混淆的地方。要想在课堂有限的时间内讲清这些需要耗费大量时间。在这种情况下，翻转课堂的课前导学就显得尤为重要。

"企业的经营"一课主要学习生产的微观主体，公司的类型和经营企业成功的因素。"投资理财的选择"则把学习视角转向了投资理财的相关知识，例如，储蓄存款和股票等，教材为我们介绍了多种投资理财品种和渠道。

现实生活中，学生对"公司"和"企业""股票"和"保险"这些经济名词很熟悉，与人们的现实生活联系较为紧密，但却很少有学生了解公司内部的运行管理机制，以及各种理财方式，再加上涉及的基础知识点比较多且较为零碎，给学习的记忆理解造成了一定的难度。学生对于以述内容的了解程度也是参差不齐，缺乏真实的生活体验，对于部分的经济学专业术语理解不到位。而翻转课堂的课堂导学在一定程度上能够解决这一问题，为教师的教和学生的学减轻负担。课前，教师可以将这些基础性的概念制作成视频，并对概念进行梳理，说清部分概念之间的异同，让学生观看时进行比较、思考。例如,有限责任公司与股份有限公司差异的比较等,让学生明确概念的同时厘清其关系。课前对基础知识点有了掌握后,可以有更多的时间用来内化知识,课堂活动中就不会因概念不清而影响研究性的学习。在课堂上教师可以创设情境,例如,引导学生通过探讨"如何促进企业的经营和发展"或表演情景剧等方式,使他们获得真实的情感体验,这样可以大大增加学生的学习兴趣。没有了教材的约束,学生有充足的时间进行研究性学习,这样的课堂能充分挖掘学生的内在潜能,激发和调动学生学习积极性,课堂教学效果也会随之得到明显的提升。

(三)与时事政治联系紧密的内容

时事政治是思想政治课程教学的重要组成部分,也是每年高考的必考点。教材第四单元内容,主要是围绕市场经济、国家建设和对外开放来编排的。

1.中国经济发展进入新时代

党的十八大开启了中国特色社会主义的新时代,新时代社会的主要矛盾也发生变化。为了响应十八大精神,教材内容把"新时代"的相关内容也编写进了教材,主要从历史性变革、社会的主要矛盾的变化和新征程等方面加以论述。《中国经济发展进入新时代》内容可以说是整个经济生活的落脚点,无论是前面学到的生产、劳动、分配、消费以及社会主义市场经济,还是即将要学习到的经济全球化和对外开放,其根本性目的都在于实现人们对于美好生活的追求。

2.新发展理念和中国特色社会主义新时代的经济建设

为了响应党的十九大提出的关于坚持新发展理念的精神,将第十课的教学内容进行了大幅度的调整,更换了框题名称。把新发展理念的相关内容也编写进了教材,并进行了细致的讲解,时代气息较浓,所以如何应对这样的内容进行翻转,就对教师提出了更高的要求。

"新发展理念和中国特色社会主义新时代的经济建设"是在我国宏观经济背景下应运而生的高中政治《必修一》第十课的教材内容,和当前国家出台的新政策联系紧密。这就要求教师在教学资源的利用上与时俱进,用最新的时事政治来充实课堂。在对这样的内容进行设计时,教师可以选取我国发生历史性变革的纪实素材,以供学生自主学习,课堂的时间可以结合一些现实的社会热点问题,补充典型的情景材料,供学生研究讨论。在对这样的框题进行翻转设计时,更加能够体现这种模式的开放性给学生自主学习带来的便利。

(四)思想认同存在偏差或有困难的内容

传统教学注重知识目标,这与思想政治课程的最终落脚点——核心素养能力的培育是相背离的。而翻转课堂教学在一定程度上可以改变这种情形,促进师生在互动中认同思想和升华情感。通过梳理,发现学生在思想认同上存在偏差或有困难的内容主要有以下两点:

1. 树立正确的消费观

"树立正确的消费观"一课主要讲到了从众、求异、攀比和求实四种消费心理,就单纯的知识目标而言是较为简单的,重点是培养学生树立正确的消费观。但在实际的社会生活中,可能会有言行不一致的情况,出现"说起来容易做起来难"的现象。

对于"求异心理",部分学生为了展示个性,一味地追求与众不同,他们的消费总是向高档和流行看齐,在他们看来最贵的就是最好的,却忽略了它所带来的不良影响。相反,他们把理智健康的求实心理看作穷的代名词,存在明显的认同差异。

对于"攀比心理"这种不健康的消费心理,学生在看到它的弊端的同时,也提到了它所带来的"好处"。例如,在实际生活中,请别人到高档餐厅吃饭虽然可能会花费更多的钱,造成不良之风的盛行,但是它确实让人们吃得更好了,提升了生活品质。同时,也会不断地激励人们去努力赚钱,能够提高人们的生产积极性,进而促进生产力的发展。如此看来,学生对于这一不良现象的心理认同是存在一定偏差的。教师应该有针对性地加以引导。

对于"勤俭节约,艰苦奋斗"的原则,在实际生活中我们更多的是把它作为一种美德、一种精神在提倡,而没有涉及具体的消费行为,学生可能会认为只要说说就好,在消费时很难去践行这样的原则;再加上现实生活中也存在一些铺张浪费的行为,对于学生来说见怪不怪,认同感较低。在对这样的内容进行翻转设计时,教师可以把教材中既定的观点抛给学生,以微视频的形式呈现,课上通过师生、生生的交流讨论产生思想的碰撞,逐渐形成对于正确价值观的认同,这才是思想政治教育的终极目标。

2.新时代的劳动者

在《新时代的劳动者》一课中,首先,对于"新时代"的理解,学生最直观的感受就是,我国庞大的人口基数带来的严峻的就业形势。每年新毕业的大学生面临"就业难,难就业"的状况,再加上一些新闻媒体对就业形势的报道,学生感受到的是"就业难上加难"。为了解决我国的就业问题,教材中的提到的党和政府为解决我国就业问题作出的一系列努力,学生在学习时较难产生认同;其次,面对严峻的就业形势,部分学生可能会存在侥幸心理,甚至想通过不正当的手段去谋取职位,很难"树立竞争就业观",对于树立正确的就业观可能会存在认识的偏差;最后,对于"树立职业平等观"的观点,很难做到平等看待社会中的各种职业,在他们的观念中早就对各种职业有了三六九等的划分,有了高低贵贱之分,社会上有不少人存在着这样的错误认识,在这样的情况下,要求学生在选择职业时平等看待各行各业,则是难上加难。在现实生活中,正式、体面的工作人人都喜欢,而对那些非正式或者服务类的行业,人们往往不屑一顾。

这样的教学内容,就知识而言都是较为简单的,真正的目的在于情感态度价值观目标的达成。而传统的讲授式往往效果甚微,因此,翻转课堂不失为一种理性的选择,它是一种开放课堂,课堂上教师可以通过设置情境让学生在情境冲突中学会甄别、学会选择,在交流讨论中坚定选择、产生共鸣,使他们树立正确的价值观,并能够用于指导实际生活。

(五)综合探究部分的内容

《经济生活》教材在每个单元结束后,以小结的形式安排设置了四个探究性的问题,能够帮助学生在情境体验中认识到研究性学习的重要性,也是教材内容的重要组成部分,具有联系所在单元知识的功能,有利于培养和发展学生的综合能力。由此看来,综合探究设计的最终目标恰恰与翻转课堂的理念是一致的,因此,综合探究部分就是我们组织设计实施翻转课堂的首选课题。

1. 正确对待金钱

本单元的综合探究主要是讨论和"金钱"有关的话题,对于这部分内容学生是有一定生活体验的,但由于认识水平的局限,高中一年级学生的辨别能力还有待进一步提高,有时候可能会出现欲望与能力之间的矛盾。同时,他们极易在这个复杂多变的社会中迷失自我,无法正确判断和看待各种金钱观。所以,对"正确对待金钱"进行探讨,通过师生之间充分交流与讨论,可以引导他们正确、理智地看待金钱,树立正确的金钱观,做到取之有道、用之有度,作出正确的价值判断和价值选择。

探究活动的开展建议:①可以采取分散与集中相结合,课前学生收集古今中外或者身边人们对于金钱的各种看法,以及体现各种金钱观念的具体的事例。②在课堂上,以小组为单位开展活动,对不同的观点进行研究、探讨和辩论;最后把相关论点整理筛选出来,教师总结。③在课后,教师布置任务,建议可以使用综合探究的成果出一期壁报,完成知识的内化。河南师范大学2017级教育硕士原洋,对本研究性框题进行了翻转设计,并进行了实践。课前:首先,设计了学习任务单,提供了相关学习资源,并配有相应的测试题,可对疑难问题进行归纳和进行学习反思;其次,设计了有关"金钱观"的问卷调查,初步了解学生金钱观念;最后,制作教学微视频,引导学生明白,金钱是劳动所获得,君子爱财要取之有道。课堂上主要通过小组讨论"金钱的重要性"引导学生正确认识金钱,列举实例说明金钱的重要性,小组讨论"金钱到底是什么",认识金钱的本质,案例分析明确金钱取之有道,讨论"有钱了,该怎么花"引导学生合理用钱。课后,学生和教师分别进行反思和评价。

2. 做好就业与自主创业的准备

《做好就业与自主创业的准备》主要通过引导学生收集与我国就业形势、政策和自主创业等方面的相关资料,初步掌握与就业和创业相关的知识,使他们逐步具备就业与创业的基本素质。与第一单元相比,本单元的学习内容和学生的实际生活远了一些。因此,在教学中,选择什么样的活动主题、怎样的学习模式,设置怎样的课堂情境才能把学生的注意力吸引过来,调动积极性挖掘潜能就显得很重要了。因此,在进行教学设计时,教师要基于学生的现有基础和经验,注重学科知识与生活主题的联系,有针对性地组织和开展教学,更好地实现核心素养品质和能力的培养。

探究活动的开展建议:①课前,教师上传微视频和发放学习清单,清单中列出课堂探究活动的主题。例如:第一组搜集我国近几年来的就业形势与政策和自主创业政策等相关的信息;第二组第三组组织辩论赛(打工好还是就业好);第四组利用课前业余时间设计择业应聘的活动,了解求职应聘相关的知识。②课堂上,以小组为单位进行讨论交流、成果展示和总结收获体会。③课后根据本班实际情况布置适当的实践性任务,例如通过板报或演讲的方式,让学生把自己的感想和体会总结出来。

3. 提高效率,促进公平

提高效率,促进公平,这是"收入与分配"这一章节教学中的重难点,也是我们现实生活中面临的一个实际问题。本课从提高效率和促进公平出发,可以通过讨论、辩论和案例分析等形式,让学生正确认识效率与公平之间的关系以及处理好两者关系的重要性。同时,对于如何处理好两者的关系提出合理的、可操作性强的建议。

笔者认为,辩论赛是本课最佳的课堂活动形式。①课前,将全部同学分为两组,一组负责搜集与"提高效率的表现"相关的资料,另一组负责搜集与"促进公平的意义"相关的资料。②课堂上,可以先让学生结合课前搜集到的资料,进行小组内部讨论,在此基础上分正反方展开辩论(公平与效率的关系)。③课后,教师可以布置一些较为开放的学习任务,例如:在合作探究的基础上,通过剖析典型的案例,能够提出合理意见解决效率与公平的问题。

4. 经济全球化与中国

《经济全球化与中国》一课,承接了上一课《经济全球化与对外开放》。本单元研究性主题的目的在于培养学生收集资料、提出问题和针对问题给出建议的能力;深化学生对新形势下我国所面临的机遇与挑战的认识,拓展学生的国际视野。经过一个学期的学习,高一学生对于对外开放问题有一些感性认识,但缺乏深入的了解。同时,通过本单元的学习,学生对我国经济全球化的相关知识有了宏观层面的理解和把握。但由于与学生生活具有一定的距离,因此,在探究过程中案例的选择要尽可能贴近学生生活实际。

探究活动的开展意见:①课前,为了高效地开展课堂活动,可提前分好小组并明确每个组的具体任务。教师上传教学微视频,并引导学生结合视频,通过听新闻等多种途径,搜集有关经济全球化案例、我国加入世贸组织后的经济发展状况以及本地经济(本地知名企业)的发展状况等相关信息可供课堂探究。②课堂上,教师可以创设情境,引导学生结合具体的实例,就获取的信息进行分析、综合。③课后,布置任务,内化知识。就我国应如何抓住经济全球化深入发展的机遇和应对挑战等问题,以撰写调查报告的形式,提出一些有一定操作性和建设性的意见和建议。

南京师范大学2015级教育硕士张淑琪,对本研究性框题进行了翻转课堂设计,并进行了实践的检验。为了拉近学生与知识的距离,作者创造性地将主题改为了"经济全球化与苏宁"。课前将学生分为三组,分别负责三个专题的研究,同时微视频中对三个专业术语进行了概念解析,有效地避免了探究中因概念模糊而偏离主题。课堂环节主要包括小组讨论谈喜论忧、面对挑战探讨发展、课堂小结归纳提升。课后,通过课堂体验形成方案,让学生就调研发现的问题形成一份具体建议交给苏宁公司。

三、翻转课堂教学设计的一般流程

教学设计是一项较为复杂的工作,成功的教学设计要做好多方面的准备,衔接好各个教学环节,综合考虑多方面的因素。从课前、课中到课后具体步骤如下:

(一)课前自主学习阶段设计

翻转课堂的课前自学环节是学生学习新知的过程,它为后续的学习奠定了基础、明确了方向。在课前自学环节,课前自主学习阶段的任务主要包括教师制作视频、学生自学检测和师生互动交流的设计。

1. 教师:制作学案与视频

学案是主要用来引导学生自主学习、帮助学习理清思路、促进学生寻求解决问题的方案。因此,对学生来说,学案的制作是非常有必要的。学案的内容通常可以分为学习指南、自学检测、学习收获和学习困惑四部分。学习指南要明确教学目标,首先,教师要明确学生对知识的掌握应该达到记忆、理解和应用到哪个层次;其次,根据教学目标设计教育任务,在此基础上完善自我检测部分的练习题。

学生在课前的自主学习,主要是通过观看视频来学习新知,因此,制作教学微视频对于课前的自学是必不可少的。在制作教学微视频时要注意:第一,视频的内容要具有针对性。教学视频应该与学案相匹配,既要涵盖本节的重点、难点和易错点,还要根据学案中的相关内容进行制作。此外,考虑到课前导学是由学生独立完成,视频内容的难度要适宜。第二,教学视频的形式要尽可能丰富多样,避免教师枯燥乏味的讲授,力图设置一些开放性问题来开拓学生的思维,以凸显思想政治课程的思想性、开放性和实践性的特点,使学生可以理论联系实际,将一些生活现象或思想观点与教师、同学、父母进行直接的沟通交流。第三,视频的时间不宜过长,最好是在10分钟以内,当然教学视频也可精选网络上一些与主题相关的微课、短视频,这样在一定程度上可以减轻教师的负担。

2. 学生:视频学习与检测

信息时代成长起来的学生,经过前一阶段的学习、积累和沉淀,其学习能力随着心智的发展都呈现发展和上升的态势,大多数学生拥有相对较快接受新兴事物的能力,基本能够运用互联网搜集信息、获取和处理信息。加之受新冠疫情影响,几乎所有学生都经历了网络学习阶段,网络学习能力有了更进一步的提高,为翻转课堂的实施奠定了一定的技术基础。在信息化环境下,学生可以自主观看教学视频学习相关内容,灵活掌控学习进度,结合课前导学案设定的任务目标进行自我检测,并随时记录好学习过程中的收获及存在的问题,并反复思考或与同伴进行交流。在这个过程中,家长可以根据教师布置的任务监控孩子的学习进度。

3. 师生:问题交流与梳理

学生在课前自学观看微视频或完成检测的过程中,可能对一些抽象的政治概念观点、经济学原理、重难点方面理解有一定难度。一方面,学生可以将不明白的问题整理出来,上传至网络平台,也可通过微信、QQ群、钉钉群以及雨课堂等方式和老师、同学进行直接的交流;另一方面,教师可以根据自学检测结果,对学生的学习情况有一个基本的把握,梳理总结出他们普遍存在的问题,以及个别学生尚未得到解决的问题,给予必要的帮助,及时对课堂教学设计进行调整,提高教学活动的有效性。

(二)课堂合作探究阶段设计

课前自主学习是课堂活动有效开展的基础。课堂上针对重难点问题加深理解和巩固,实现知识内化。

1. 活动准备:提出问题,小组分工

首先,教师要通过分析自我检测结果,了解学生的现有水平和存在的问题,总结罗列出一些值得进一步研究探讨的问题,以供有选择地进行研究。其次,学生在小组内展开合作交流、成果展示、答疑释惑和总结汇报。在这一过程中,教师要注意对后进生做好个别指导工作。在课堂活动中,对于有较大争议的思想观点,教师可以考虑组织辩论赛;对于远离学生生活的内容,可采用小组讨论、情景剧等方式,让学生感受到生活中处处都是学问;对于部分较为抽象的概念、观点和原理,可通过观看视频、提供案例或学生举例等方式帮助理解,使抽象的内容具体化。班级内部的每个小组都有特定的任务,小组内部的每一个成员都有特定的角色。

2. 活动展开:教师引导,互动探究

翻转式教学方法的核心价值在于,通过课堂活动的开展,引发学生深入讨论,有针对性地解决学生遇到的困惑和问题。教师通过自学检测和监控学习过程,认真分析学生存在的问题和问题产生的原因,进行归纳梳理,确定课堂探究主题和活动方案,学生可以选择自己有兴趣的主题进行研究或准备课堂活动。课堂的大部分时间是在开展活动和互动探究中解决问题,在这一过程中,学生能否积极参与、深入思考关键在于教师的引导,教师一方面要做好普遍指导,另一方面还要进行个别辅导。教师要注重对学生进行学法指导,尤其是在学习兴趣、学习态度和学习方法方面。这样才能使每一个学生得到真正的、全面的发展。

3. 活动总结:展示成果,互评总结,巩固深化

首先,在小组合作和教师个别指导的基础上,学生展示学习成果,可以是问题讲解、总结学习收获或者是情景再现等。一方面,在此过程中教师和其他学生可以进行及时的记录和思考,待展示结束可以进行交流和点评;另一方面,通过成果展示和交流点评,教师了解了学生的学习情况,要对学生尚未解决的问题进行点拨,并且重点强调方式和技能的掌握。然后,教师可以梳理出知识框架,帮助学生能够从整体上有更为清晰的认识。最后,引领学生实现知情意信行的转换,这才是思想政治课程的最终目的。

(三)课后深度学习阶段设计

课堂的教学时间是有限的,教师很难在这个过程中对学生的表现作出一个全面的评价和反馈。因此,教师需要在课后对学生的学习全过程进行分析、评价和反思,并制订课后进一步学习的计划。本节根据课堂制订了课后巩固提升的计划。

1. 学生:实践拓展

知识的运用是学习和内化知识的最终目的。由于个体差异,学生的水平不一,教师可以根据学生在课前和课中的学习表现和掌握程度,设置难度不一、有选择性的课后习题练习,进行分层训练,或者布置一些具有挑战性的任务,例如实践报告、社会观察等实操性较强的学习任务,使学生不仅学会知识,还会运用知识,理论联系实际,学生的实践能力得到极大的提升,更好地促进他们从现有水平向潜在水平的转化。

2. 师生：总结反思

在课后，无论是教师还是学生，都要对教学过程进行及时的总结和反思。教师的总结反思：教师通过教学环节和教学过程进行反思。反思教学准备是否充分，课堂活动探究阶段学生的表现如何，课后的评价能否客观全面地发现学生存在的问题和反映学生的学习情况。在对学生进行评价时，要根据学生在整个过程中的态度、表现的对知识的掌握情况进行形成性评价，对每个阶段完成学习结果进行综合性评价。

学生的总结反思：可以对教师讲课进行评价，也可以对自身学习掌握情况进行总结和反思，对自己的学习形成一个全面、清晰的认识。或者在学习平台（钉钉群、微信群、QQ群等）与同伴进行交流，总结收获，发现存在的问题，及时寻求解决问题的策略，为日后的学习打下基础。

四、翻转课堂评价方式设计

教学评价对教学活动具有能动性的反映，我们可以把它作为改进教学活动的依据。美国著名教育评价专家斯塔弗尔比姆曾说："评价的真正目的是改进和促进。"笔者根据翻转课堂从课前、课中到课后的三个教学阶段，制定了与之相对应的评价方式。

（一）课前诊断性评价

课前评价方式主要以诊断性评价为主。课前评价的目的一方面在于了解学生的现有水平学习差异，判断他们是否达到教学目标所预设的效果，为以学定教提供依据；另一方面在于掌握学生的课前学习情况，检验他们是否完成基本目标。

（二）课堂过程性评价

课中评价方式主要是以过程性评价为主。因为翻转式课堂主要是通过协作探究来解决问题，尤其注重培养学生的综合能力和发展更高水平的思维能力，所以过程性评价主要是以促进学生发展的个性化评价和重视学习全过程的发展性评价为主。课堂评价的目的一方面在于检验课堂学习效果，另一方面在于促进学生学习能力的养成和素质的提升。

（三）课后总结性评价

翻转式课堂课后评价方式主要是以总结性评价为主。课后总结性评价的目的，一方面是促进学生对课堂所学知识的总结和反思；另一方面根据学生不同层次及不同水平，有针对性地发展学生的拓展性思维，进行深度学习，内化知识。

课堂评价可以清楚地了解学生在学习过程中的收获与存在的问题，肯定他们的收获并给予表扬；对于存在的问题，要帮助学生分析原因，提出有效解决问题方案并给予鼓励。这对于检验教学效果、了解学生的学习情况、促进教师不断完善和改进教学都具有十分重要的意义。这种评价真正的目的并不是为了选拔学生，而是查漏补缺，让每一个学生都能够得到发展，发展成为社会所需要的全面发展的人才。

第三节　基于翻转课堂的高中思想政治课程创新教学设计的实践

一、设计实例

在对整本教材做了初步分析后，结合相关授课经验，选择《经济生活》第五课第二框作为案例课题，在传统教学设计的基础上进行优化翻转设计。

（一）教材分析

在学习了企业相关知识的基础上，本课内容主要围绕 3 个关键词——劳动、就业、维权展开。涉及劳动的含义、就业的意义及措施、劳动者的权益和维权的途径这些知识点，就知识目标而言是较为简单的，关键在于通过学习使学生了解劳动的重要性，尊重劳动，树立职业平等观并产生思想上的认同，掌握正确维权的途径，能够运用所学知识分析一些生活中的经济现象，透过现象看到经济本质，不断提升学生的综合素质，增强就业能力，为劳动者维权出谋划策。

（二）学情分析

学生对经济生活是有一定生活体验的,高中学生已经具备一定的收集解读信息、语言表达和合作探究的能力;思维上有一定的逻辑性;他们的认知水平开始逐渐由感性向理性过渡,但是由于身心发展和认知水平的局限,无法对当前的就业形势和择业观形成清晰的认识,难以认同职业平等观,对现实生活缺乏理性思考,法律和维权意识淡薄,教师在教学中应该在这些方面加强对学生的引导。因此,在教学设计以及课堂活动的安排上尽可能贴近学生实际生活,安排可操作性强的探究性活动,充分调动学习积极性和主动性。

（三）教学重点和难点

重点:就业对于个人和社会的意义;解决就业问题的措施;树立职业平等观和正确的就业观。

难点:劳动者依法维权的途径。

1. 课前学习任务

（1）明确学习任务

具体要求:①懂得劳动的含义及其意义;就业的意义。②正确认识我国当前的就业形势,知道如何从不同主体出发(政府、企业和劳动者)解决我国的就业问题。③树立正确的择业就业观;了解劳动者的基本权利。

参考资料:教材及探究活动。

设计意图:指导学生了解学习目标,为自主学习新内容奠定基础。

（2）劳动的含义及意义

具体要求:结合教材观看视频1"劳动致富",总结人们就业和劳动的原因(人们为什么要就业、要劳动)。

参考资料:视频1"劳动致富"。

设计意图:教学生活化,增强学习的趣味性。理解教材的基本观点(劳动的含义及其意义)。

（3）学习新知

观看视频2"最新就业状况"，走进人才市场招聘场景，了解当前大学生就业状况。联系目前就业状况，找出解决对策。结合视频3"农民工讨薪"系列视频分析，总结劳动者维护自身合法权益的途径与方式。

参考资料：视频2"最新就业状况"、视频3"农民工讨薪"系列。

设计意图：激发学生的发散性思维，多角度、多层次引导学生树立正确的就业观，落实教学难点；通过情境体验过渡到运用法律维护自身的合法权益的途径，理论联系实际，进而突破教学难点。

学习小测：①简述人们为什么要就业？②如何解决我国就业问题？

学习收获：你在课前学习中有哪些收获？

学习困惑：你在课前学习中遇到了哪些困惑？

2. 课堂学生内化环节

（1）导入新课

视频："盛典有我——致敬英雄致敬平凡的劳动者"导入语：2019年的国庆阅兵，有这样一段画面，不知大家是否记得，让我们一起再来回顾一下。我们会发现，在这个方阵里面，用了致敬英雄和致敬劳动者的主题，为什么把平凡的劳动者和英雄放到一起来讲，因为劳动者也像英雄一样，为我们国家的发展做出了非常重要的贡献，希望同学们在不久的将来也能成为平凡的劳动者，在平凡中创造像英雄一样伟大的事业，让我们今天走进《新时代的劳动者》，了解相关的知识。

设计意图：视频导入，提出问题，引发学生积极思考。

（2）自学效果反馈

教学活动：①劳动的含义及意义？②就业的意义？③如何促进就业？④如何树立正确就业观？⑤我国劳动者享有的权利？⑥如何维护自身的合法权益？

设计意图：了解学生课前自学效果，方便开展课堂教学。

（3）劳动的含义及其意义

教学活动：寻找身边最美劳动者，他们的劳动有什么不同和相同之处？

学生举例：国家领导人、工程师、教师、司机、厨师、清洁工、快递员、外卖员、发型师等等。

小组讨论不同点：有的是体力劳动，有的是脑力劳动。

相同点：都在为社会创造财富。

设计意图：通过举例，总结归纳劳动的含义及其意义。

（4）维护自身的合法权益

结合课本以及视频资料《被欠薪了》，说明如何维护劳动者合法权益。

教师提示：从不同主体进行说明（国家、劳动者）。

学生回忆课前观看的视频，再结合课本作答，同时也能检测学生课前自学效果。

（5）夯实基础展示成果

这是一道与本课内容关联度很高的高考真题，运用小组课堂展示形式，学生互评，利于更深入地吸收知识。

（6）归纳总结

建构知识体系，理清知识结构，使学生清晰地掌握课程的思想脉络，厘清思路，加深理解，加快内化。

二、教学反思

教学是一门遗憾的艺术。无论我们课前考虑得再周全，而当我们反思时，仍然会感到有这样和那样的不足和遗憾，因此，在课堂教学结束以后，需要教师对整个教学环节和教学过程进行反思。也正是因为有了不断的反思，才可以使我们更好地掌控这种课堂模式，推动了我们在实践中不断提升我们教学能力[1]。

高中思想政治课程翻转式教学设计的环节主要有：①课前教学准备阶段；②课前网络教学阶段；③课堂活动探究阶段；④课后评价反馈阶段。

根据完整的教学环节，教师能够一一对应地对每个环节中师生举措

---

[1]孙文桥.翻转课堂在高中政治课堂教学中的应用[J].西部素质教育,2019(20):107,109.

以及学生课堂反应情况进行反思。全面反思教学中的收获和不足,成功之处继续沿用,不足之处慎重思考是什么原因导致的,以及采取何种措施进一步提高和改进。通过对整个教学环节的反思,教师能够更快地掌握这种模式,提高自身职业技能,发展职业道路。对于教学反思我们应该明确以下几点:

第一,教学反思是时代发展对教师提出的更高的要求。教师必须不断提高自身的教学技能,与时俱进。翻转课堂是生成性课堂,尤其在课堂活动过程中变数很大。而传统课堂恰恰相反,预设性很强,部分教师一节课一旦备好,教案甚至可以连续使用很多年,但在翻转课堂模式下是明显行不通的。因此,教师要紧随时代步伐,坚持与时俱进,只有这样才能不断提高对于这种课堂的驾驭能力。

第二,教学反思没有固定方法。每个人都是独特的个体,每位教师在实际教学中都会遇到各种各样的问题,问题不尽相同,但共同之处就是可以通过多次的、反复的思考,对整个教学过程进行查缺补漏、不断完善。不断的教学反思有利于推动教师进行研究性教学,形成“教研互促”的良性循环,在这个过程中也会极大地提升教师的教学技能,可以有效地促进教师的专业发展。因此,教学反思也是教师成长的有效途径之一。

第三,教学反思也可以结合教学评价来进行。教师对学生进行评价其实也是在对自己教学过程的反思。学生是教师的一面镜子,学生的学习效果在一定程度上能反映教师的教学水平和教学效果。教师教得好与不好,在一定程度上决定了学生对于知识的理解掌握程度。教师对学生评价的不断改变,也是教师自我成长的体现。

第四章　基于智慧课堂的高中思想政治课程创新教学设计

第一节　智慧课堂相关概述

　　随着信息技术的发展和新课程改革的不断深入,将信息技术与课堂教学相融合的智慧课堂应运而生。智慧课堂既是一种新型课堂的教学实践模式,也是一个进行信息化教学研究的理论概念。思想政治智慧课堂是指在思想政治课堂中运用智慧课堂的教学模式。要进行思想政治智慧课堂的设计和实践,首先需要明确思想政治智慧课堂的基本概念和特征,为思想政治智慧课堂的实践奠定理论基础。

一、基本概念

(一)智慧与智慧教育

　　关于智慧的含义,不同的视角有不同的理解。在我国,在《墨子·尚贤中》中:"若使之治国家,则此使不智慧者治国家也,国家之乱,既可得而知已。"在生活中,"智慧"一般泛指人的聪明才智,我们通常将有智慧的人称为智者。狭义的智慧是指生命所具有的基于生理和心理器官的一种高级创造思维能力,包含对自然与人文的感知、记忆、理解、分析、判断、升华等所有能力,简单来说就是生命体的综合运用能力。心理学的智慧主要是指思考和认知的基本过程,指人的思维和实践能力强,能够解决实际问题。随着信息技术的发展,智慧又被赋予了新内涵,信息化视角下"智慧"被解释为"智能化",代表以信息技术手段为支撑的人类生活变得便捷、智能和高效[①]。

"智慧教育"目前主要有两类观点:一类观点认为智慧教育是要运用教师的智慧启发学生的智慧,是师生情感和智慧综合生成的过程,侧重于智慧本身的含义;而另一类观点的智慧教育是从信息化视角来定义的,指在教育领域(教育管理、教育教学和教育科研)全面深入地运用现代信息技术,来促进教育改革与发展的过程。本文侧重于信息化视角的智慧教育。智慧教育是教育的一种过程、一种境界,它与未来教育密切相关。智慧教育是教育信息化发展的必然要求,智慧教育通过整合现存的各种教育资源,采用大数据分析技术培养符合信息时代要求的人。智慧教育内涵丰富,发展智慧教育需要考虑到环境、资源、主体和控制等诸多方面,智慧课堂是将智慧教育的理念、方法和技术应用于课堂教学方面,是智慧教育的核心。智慧课堂离不开智慧教育,智慧教育也离不开智慧课堂。

(二)智慧校园与智慧课堂

智慧校园是教育信息化的产物,是智慧教育应用的场所,是校园信息化的高级形态,以物联网、云计算、大数据分析等新技术为核心技术,提供一种环境全面感知、智慧型、数据化、网络化、协作型一体化的教学、科研、管理和生活服务,并能对教育教学、教育管理进行洞察和预测的智慧学习环境。智慧校园为广大师生提供一个全面的智能感知环境和综合信息服务平台,为师生提供个性化的服务。智慧校园建设为智慧课堂的开展和应用创造了智慧的学习环境,只有将智慧设施不断完善,才能使智慧教学落地生根。2018年,国家公布了《智慧校园总体框架》,对如何部署智慧校园总体架构、如何实现智慧校园环境、如何构建智慧校园资源进行了明确的规范,为各地智慧校园建设提供了指南。

智慧课堂是智慧教育的核心体现,目前关于智慧课堂的内涵也有两个视角:一个从教育学视角,智慧课堂是相对于以传授知识为主的传统课堂,强调课堂不仅要传授学生知识,更应该培养学生的智慧,创设情境

[①]王医术,刘静华,石英爱,等. 云端智慧课堂的构建与实施[J]. 国际老年医学杂志,2022,43(3):260-262.

增强与学生的互动,艺术性地启发和引导学生,提升学生的能力,给学生思想上的启迪,培养学生的核心素养;另一个是从信息化视角,目前并未有统一的内涵,还在不断完善中。无论是教育学视角的智慧课堂还是信息化视角的智慧课堂目的都在于改革课堂教学,为学生提供更加优质的教学服务,培养学生的核心素养,促进学生的全面发展。通过分析以上研究者对于智慧课堂的观点,结合相关的教学实践,笔者所理解的智慧课堂更倾向于信息化视角的智慧课堂,认为智慧课堂是以培养学科素养为目标,以建构主义学习理论为依据,依赖于大数据、学习分析等技术,实施学情诊断分析和智能资源推送,开展"云+端"学习活动与支持服务,创设有利于协作交流和意义构建、富有智慧的学习环境,进行学习过程记录与多元智能评价的新型课堂。

(三)高中思想政治智慧课堂

信息化与教育的融合最终要通过课堂这个载体来呈现,学科教学必须与时俱进、因时而变,顺应这一趋势,利用好信息技术来助力学科教学以培养学生的核心素养,高中思想政治学科也不例外。结合智慧课堂概念和思想政治学科的特点,笔者认为,高中思想政治智慧课堂是以培养思想政治学科核心素养为目标,以建构主义为理论基础,利用大数据和学习分析等技术,实施即时学情诊断分析和智能资源推送,开展"云+端(平板电脑和答题器)"学习活动与支持服务,创设有利于协作交流和意义构建、富有智慧的学习环境,进行学习过程记录与多元智能评价的思想政治课堂。思想政治智慧课堂的内涵包括以下方面:

第一,思想政治智慧课堂的目标是培养学生政治学科的核心素养,促进学生从知识学习向智慧的发展转变,最终实现道德的教化和价值的引导。无论我们采用何种技术,创设什么形式的教学环境,这些形式和技术是为我们的教学任务或者教学目标所服务的。将现代信息技术与思想政治学科教学相融合,整合各种教育资源,拓展了思想政治课堂的容量,改善了学生获取知识的方式,增强了师生互动和生生互动,调动了更多学生的参与,促使学生在学习知识的过程中达到智慧的生成。

第二,思想政治课堂构建的基本理念是建构主义学习理论。建构主义学习理论认为学习是获取知识的过程,而知识不是教师传授获得,而是学习者在一定的情境下,借助他人的帮助,利用必要的学习资料,通过意义构建的方式获得。建构主义倡导以学生为中心,强调把学习的主动权还给学生,突出学习环境构建的重要性,这对于互联网时代的课堂教学改革提供了重要的理论依据,也为智慧课堂的情境创设提供了科学的依据。思想政治智慧课堂创设有利于协作交流和意义构建、富有智慧的学习环境,激发学生的学习兴趣和主动学习意识,促进学习者对话交流、主动构建知识意义。

第三,借助信息技术进行因材施教,实现智慧教学。在传统课堂中,教师面对几十个学生,很难及时把握每个学生的个性特征与需求,而利用大数据分析技术,通过全方位的追踪学生学习过程,可以让教师准确把握学生个体的学习状况,从而智能推送相应的学习资源,做到因材施教,实现教师的智慧教学,促进学生的智慧学习。

二、高中思想政治智慧课堂特征

(一)知识层面——开放共享性

思想政治智慧课堂是一个动态开放的系统,在这个系统中的思想政治课程教学需要借助云计算和移动互联等技术,学生和教师需要运用平板电脑或者答题器智能终端,因此思想政治智慧课堂系统可以超越时空的限制,随时随地进行学习。在这个智慧课堂系统中,教师和学生可以将自己手头的资源上传到平台,这些上传的资源大家可以共享,学生可以根据自己的需求即时下载,整合自己的资源和同学、老师的资源,一来二去,手中的资源通过共享更加丰富,通过智慧课堂平台,可以将政治课堂学习延伸到课外。例如,教师在讲授必修一《经济生活》时,就在系统平台建立一个数据库,教师和学生会有意识地将近年来我国和世界相关的经济发展数据(GDP增速、CPI以及财政税收等)收集并上传,或者将重大的财经新闻视频上传到库中,学生可以课下利用碎片化时间进行观看,课堂上在学习相关知识时也可以随时调取出来使用,非常方便和快捷。

（二）互动层面——多层高频性

在传统的思想政治课堂上，一般是通过教师讲授，在教师进行讲授过程中提出问题，学生个别举手回答或者集体回答，一节课上学生的互动机会不均等，频率也不高。在这种情况下部分性格内向的学生，可能就会滥竽充数，逃避互动，教师也只能仅凭借教学经验进行判断，其实很难全面把握学生的学习情况。在思想政治智慧课堂上，建设一种平等开放的沟通环境，学生通过手中的终端设备参与互动，教学互动会更加多元，师生互动、生生互动的机会也会更多，互动所覆盖的面更广。学生不用举手回答问题，直接借助手中的终端设备表达自己的意见，习题练习也可以直接在移动终端上完成，系统可以瞬间统计出学生的答题情况，教师通过数据分析及时了解学情，可以准确了解学生的学习情况。这种互动不仅仅局限在课堂上，在课堂之外，教师和学生也可以借助云端平台进行持续性的沟通和交流。

（三）效率层面——科学高效性

相比于传统的思想政治课堂，一方面思想政治智慧课堂将互联网大数据引进课堂，课堂变得更加智能，在有限的课堂时间内可以接受更大容量的知识，也就是说课堂效率会更高；另一方面教师在进行教学决策时不再凭借主观的教学经验，而是利用大数据将学生学习的整个动态过程和效果进行数据化呈现，根据所获得的客观数据进行决策，及时调整教学方式，也更加科学。此外，在传统的思想政治课堂教学中，学生的主体地位表现得不够充分，学生大部分情况下是在听教师讲，是在被动地接受知识，主动参与性非常有限，这种传统的教学方式，教授给学生的知识在学生的脑海中是暂时的，很快将会被遗忘；而探究式的智慧课堂模式，学生通过体验和参与，主动学习获得知识，并能与同学们分享自己的观点，这样获得的知识在脑海中的记忆更加持久。

（四）教学评价层面——多元动态性

学习评价本质上是一种把握学习状态及其成果的测量与评价。美国心理学家加德纳认为，人拥有多元智能，这些智能是相对独立的，它们可以由个体或者文化以多种适合的方式加以制作和组合,因此教育的目标和评价应是多元的,去激发学生的学习潜力,调动学生学习的主动性。教育的评价的目的是把握学生的学习状态,根据结果及时给学生进行反馈,对学生进行指导,帮助学生改进学习,达到能帮助学生改进学习的目标,这才是能促进学生发展的形成性评价。

形成性评价需要具备的条件:第一,评价反馈的及时性,要在学生学习完成时第一时间给出评价,让学生及时了解自己的学习状态;第二,评价的多元多层性,教学评价不仅仅是成绩的评价,还应涉及学习能力的评价,教育评价的主体不仅仅是教师,还应包括学生的自我评价,以及学生同伴之间的评价;第三,评价应是动态过程性的,学生不仅需要了解当前学习的收获与不足,更应了解一段时间以来自己成长的轨迹,从而明确今后一段时间学习的方向。思想政治智慧课堂系统可记录学生整个学习过程,评价的内容多维,评价方式多样,评价的主体多元,过程性评价和终结性评价相结合,并且系统软件能够用可视化的伞状图或柱状图将学生的学习状态呈现,全面反映学生的学习状况。

(五)教学目标层面——学科素养导向性

2014年3月30日,教育部正式印发《关于全面深化课程改革落实立德树人根本任务的意见》,首次提出了"核心素养"概念。2016年9月,《中国学生发展核心素养》总体框架正式发布。随后,各个学科根据本学科的学科特点,都凝练了本学科的核心素养,思想政治学科的核心素养被凝练为政治认同、科学精神、法治意识、公共参与四个方面。而思想政治学科智慧课堂的实施过程有助于使核心素养落地,在学生学习过程中培养学生的政治核心素养。思想政治智慧课堂,除了注重学生对知识的记忆和掌握,更加注重对学生思维能力和核心素养的培养。在智慧课堂的环境中,教师注重创设情境,引导学生多维度观察、多途径探究,进行综合分析;学生可以利用智慧课堂云平台实现协作学习、小组探究以及完成相关的测试等,在这个自主学习和合作探究过程中,学生的参与意识增强,科学精神不断强化,规则意识不断深化,在动态学习中政治学科素养逐渐地内化于心、外化于行。

第二节　基于智慧课堂的高中思想政治课程创新教学设计与实施

教学设计是运用系统的方法，将学习理论和教学理论的原理转换成对教学环境、教学资源、教学活动和教学评价进行具体计划的系统化过程。高中思想政治智慧课堂教学设计是指在智慧课堂的信息化环境下，运用系统方法，以学习者为中心，充分利用现代信息技术和信息资源，科学地安排思想政治教学过程的各个环节和要素，以实现教学过程的最优化。

一、高中思想政治智慧课堂教学设计依据

高中思想政治智慧课堂有其自身的特殊性，也有与其他课程的一般性规律，在智慧课堂设计方面，既需要以高中思想政治课程标准为依据，同时也需要根据学生的具体情况，深入分析教材内容，利用信息技术，恰当处理教学内容，以完成相应的教学目标。

（一）高中思想政治课程标准

国家课程标准是教材编写、教学、评估和考试命题的依据，是国家管理和评价课程的基础，是国家意志在教育领域的直接体现，在立德树人方面发挥着关键性作用。课程标准规定了某一学科的课程性质、课程目标、内容目标和实施建议，是教师进行教学设计的一个重要参考依据。教师在备课进行教学设计前必须钻研课程标准，明确课程性质，着重领会课程标准的意图，对学科教学有总体的把握，能从整体上了解学科的体系结构、学科教学的特点和原则。此外，课程实施建议和课程标准中的典型案例也为我们教学活动的设计提供了重要的参考。

为了落实立德树人根本任务的需要，解决高中课改中面临的问题和挑战，推进与高考综合改革相衔接，教育部组织专家对课程标准进行了修订。2018年1月份，国家教育部发布了《普通高中思想政治课程标准（2017年版）》，2020年进行了修订。新的课程方案和课程标准体现了鲜

明的育人导向,思想性、科学性、时代性、整体性等明显增强。新的课程标准将政治学科的性质规定为:高中思想政治课程是落实立德树人根本任务的关键课程,以培育社会主义核心价值观为目的,是帮助学生确立正确的政治方向、提高思想政治学科核心素养、增强社会理解和参与能力的综合性、活动型学科课程。新课程标准凝练出思想政治学科的"政治认同、科学精神、法治意识、公共参与"16个字的核心素养。在课程标准中对本课程提出了实施建议,建议包括活动型学科课程的教学设计、辨析式学习过程的价值引领、综合性教学形式的有效倡导、系列化社会实践活动的广泛开展。在对地方和学校实施本课程的建议中提出要采取多种方式,加强课程资源建设,学校要发挥教师课程资源建设的主体作用,鼓励和支持教师根据当地实际,充分挖掘并有效利用一切可以利用的课程资源,为学生学习和教师教学的有效实施创造有利条件,运用信息化技术实现课程资源的共享。因此,思想政治智慧课堂在设计时,必须以课标为依据,落实核心素养要求,依托信息技术,充分整合各种资源,创设富有时代气息的情境,让学生在情境中体验和感知学习,在学习知识的过程中渗透价值的引导,培养学生政治学科的学科素养[①]。

(二)教材内容分析

教材是依据课程标准编制的、系统反映学科内容的教学用书,教材是课程标准的具体化,也是教师进行教学设计和授课的一个重要依据,教师要利用教材去教,学生要学习教材内容。思想政治课教师在进行教学设计前,要仔细研读教材,要把教材中的每一个知识点都弄清楚,对教材内容要了如指掌,明确每节课的重点和难点,并且能够用新的视角去审视教材内容,在此基础上设计各种形式的教学活动来突破重难点。在研读教材的基础上,教师还应对教材进行详细的分析,了解教材的结构,弄清楚所教授的知识在每一模块、每一单元、每一框中处于怎样的地位,它们与之前所学的知识和之后即将要学习的知识之间的关系,熟悉知识脉络,这样才能把教材全面弄懂吃透。

---

①郑艳苹.善用智慧课堂 优化政治教学[J].中学政治教学参考,2021(13):39-41.

（三）学生学情分析

在教学活动中，学生处于主体地位，教学的最终目的是教会学生自己学习。为了确保课堂活动能够顺利开展，教师需要准确地了解学生，准确地掌握学情。思想政治智慧课堂教学设计的各个环节都应从学生的实际出发，根据学生的实际情况去处理教材内容，选择合适的教学方法，做出科学的教学设计，只有这样做好各种情况的预设，才能使教学工作做到有的放矢，才能达成教学目标。

二、高中思想政治智慧课堂教学设计原则

教学设计原则是指在进行教学设计时应遵循的基本要求，是指导教师进行教学设计的方向和方法论。思想政治智慧课堂教学设计原则将思想政治学科特征和核心素养渗透在智慧课堂设计中，结合信息化环境下教学活动的特点，概括出具有指导意义的教学设计原则。

（一）坚持德育性和知识性相统一的原则

思想政治学科相较于其他学科有其自身的特点，思想政治课程在学生道德养成，正确的世界观、人生观树立的过程中，发挥着至关重要的作用，任何时候德育都是思想政治学科的首要目标。德育性原则体现在两个方面：一方面是指教学目的的德育性，另一方面是指教学过程的道德性。教学目的的德育性，是指教师在进行教学设计时，不能忘记思想政治学科的学科性质，既要考虑到知识传播，更应考虑到价值引导，要思考自己这节课能给学生怎样的思想启迪。教学过程的道德性，是指在教学过程中应营造开放的自由的教学情境，尊重学生，形成平等的师生关系，让学生从被动的接受者向主动的学习者转变，让学生在学习的过程中感受到教师的智慧、教师的关怀、教师的爱。

知识是支撑课程的基础，教师在教学中引导和组织学生掌握知识和技能是教学目标之一。高中思想政治课程包括中国特色社会主义、经济与社会、政治与法治、哲学与文化四个模块的知识。通过必修一的学习，引导学生学习和了解中国特色社会主义的内涵与发展。通过必修二的学习，引导学生掌握基本的经济学原理，了解社会再生产的四个环节，理

解社会主义市场经济内涵和优越性;通过必修三的学习,知道我国国家性质,我国的政治制度、外交政策,以及实现社会主义民主,要坚持党的领导、依法治国和人民当家作主三者有机统一;通过学习必修四,在了解文化的内涵、传承发展的一般规律基础上,理解中华文化源远流长、博大精深。

因此,对于思想政治智慧课堂,既要讲清楚知识,又要立德树人,将二者统一起来,缺一不可。如果失去德育性,那么思想政治课程就丢掉了魂;如果缺失知识性,那么思想政治课程就变成了空洞的说教。

(二)坚持情境创设真实性和科学性相统一的原则

思想政治智慧课堂教学设计的基础,是建构主义学习理论。建构主义认为,学习总是与一定的社会文化背景(即情境)相联系的,认为个体、认知和意义都是在相关情境中交互、交流(即协作)完成的,因此非常强调情境在学习过程中的重要作用。创设情境是思想政治教学设计最重要的内容之一,就是要基于特定的教学目标,将学习内容安排在信息技术和信息资源支持的、比较真实或接近真实的活动中,支持学校的学科教学活动。情境创设的真实性,是指创设的情境要基于学生的实际情况,符合社会发展的实际,不断与时俱进,创设贴近学生生活、富有时代气息的情境,让课堂更加富有生机,便于学生理解与情境相关的知识,也使学生在课堂互动中有话可说,愿意表达自己的观点。

情境创设的科学性,是指情境创设与所教授知识之间是否有很强的相关性,教学过程中所选用的图片文字等素材所举的例子是否准确。我们在教学中经常会发现教师精心创设了情境,学生讨论得很热烈,但学生在讨论时出现了偏差,讨论的结果与教师预设的结果相差甚远。出现这样的现象,一个很大原因就是教师所创设的情境不科学,问题设计导向性不强,所以学生的探究自然会失败,教学效果自然会打折扣;我们也会发现有的教师在课件上所呈现的素材、所举的例子存在一些错误,不够严谨,使论据难以支撑论点,说服力不够,也影响了教师的权威。因此在思想政治智慧课堂教学设计时要进行科学的情境设计,既要让学生有话可说,也要引导学生说到点子上。

（三）坚持互动层次性和全面性相统一的原则

课堂的本质是师生之间的即时性对话交流，高质量的教学互动在设计时能促进师生的对话。人本主义学习理论认为，学习的实质就是形成和获得经验，学生学习的关键不是教师的教，而是学生的学，学习者与周围环境的交互作用，对自己知识意义的建构起着关键性作用，因此互动显得尤为重要。在智慧课堂教学实施过程中，教师为学生提供学习资源和手段，学习者组成小组或其他协作形式展开学习，每个学习者在学习过程中都扮演着自己的角色，学习者之间相互协商，合作完成学习任务。在互动的设计中，要使互动呈现层次性，是指互动的问题设置要有梯度，互动问题由简单到稍难层层深入，符合学生的认知规律。简单的问题学生可以自己直接回答，稍难一点的学生可以和同桌进行讨论，难度大的问题可以小组合作，通过互助协作集思广益，一起寻找解决问题的方法，这样的教学才能逐层深入，拒绝过于简单和浅薄的互动，也反对太难的互动设计打消学生学习的积极性，互动设计既要基于学生又要高于学生。

互动设计的全面性，是指在互动设计中既要包括师生互动，也要包括生生互动；既要有问答式的互动，也要有讨论式的互动；既要有课堂上面对面的互动，也要有课下通过智慧课堂平台的互动，使互动方式更加丰富，互动渠道更加多元，从而促成师生之间的交流，在交流中形成智慧的火花。互动设计既要考虑到互动难易程度问题，也要考虑到互动方式的问题，要将层次性和全面性相结合，形成立体高效的互动。

（四）坚持教学评价多元性和发展性相统一的原则

加涅说过："为学习设计教学"，教学设计必须以帮助学生的学习过程为目的，而不是以教学过程为目的。学生是学习的主体，所以教学设计必须关注到学生的学习过程，要对学生的学习过程进行评价。多元智能学习理论认为，人是存在多种智能的，这些智能有强有弱，每一种智能所需要的培养环境也不尽相同，教师在教学过程中，不仅要因材施教创设多元的情境，在评价时也要采取多种方式全面地评价学生。评价的多元性包括评价指标、评价方法和评价主体的多元化。在评价设计时既要评价结果,还应评价学生的学习过程;既要有教师的评价,也要有来自同伴的评价,实现评价的主体多元。

发展性是指思想政治的教学评价,要立足于学生的发展,强调评价不是目的,而是改进教学、促进学生发展的手段。思想政治智慧课堂教学平台具有全过程动态学习数据分析与评价功能,在智慧课堂教学设计中应基于该功能优化评价设计,实现以评价促发展。传统课堂教学的评价,一般是针对结果开展评价,而智慧课堂教学的评价,是针对学习者在学习活动中的学习行为和学习效果等全面进行评价,是基于全过程动态学习数据的分析评价。教学评价要求教师和学生都积极参与,在教学过程中发挥评价的总结、校正和促进作用,通过评价激发学生的主观能动性,促进学生的改进和提高。

(五)坚持教学设计统一性和多样性相统一的原则

统一性和多样性是事物发展的规律。统一性强调的是要有一定的标准和内在要求,思想政治智慧课堂教学设计的统一性,体现在落实的核心素养、根本任务和教材方面的统一上。目前在高中阶段,思想政治学科的教学设计所用的教材是人教版教材,要围绕落实政治认同、科学精神、法治意识、公共参与来展开的,教育的根本任务就是立德树人。多样性强调要适应不同情况、不同主体,开展研究解决问题的方式,指在统一的前提下因地制宜、因时制宜和因材施教,推动思想政治课程改革和创新。思想政治智慧课堂究竟该如何打造,需要考虑到各个地方、各个学校的具体信息技术情况,挖掘地方相关德育资源;还需要不断与时俱进,体现时代要求、时代气息,担当时代大任;此外,还需要考虑授课对象学生的思想特点和差异,符合学生身心发展的特点,满足学生的需求。不同的地域、不同时代、不同学校、不同学段的思想政治智慧课堂既有个性,又存在共性,将共性和个性相结合,推动思想政治智慧课堂的发展和创新。

三、高中思想政治智慧课堂教学设计思路

与传统的思想政治课堂不同,思想政治智慧课堂为教与学的融合和

统一提供了有利的条件,因此在进行教学设计时,无论是在课前、课中还是课后环节,都要把教和学融合起来,当作一个系统的整体来考虑。结合思想政治教学实际和建构主义学习理论,将教学设计分为以下环节:

(一)课前准备环节

1.学生获取资源,自主预习

与传统的思想政治课堂不同,思想政治智慧课堂在新课讲授前,教师会在资源库中上传与本节课相关的媒体资源,如微课、短视频、科普文档等,学生会进入资源库,根据自己的情况进行观看,对本节课的知识有个初步的了解。这个环节其实就是翻转课堂,学生在这个前置的翻转课堂中每个人掌握的情况不同,产生的问题也会不同。除了上传资源外,教师一般还会布置一些预习任务,学生在完成这些预习任务时,就会暴露自己存在的问题,在这一过程中产生的问题就有待在课堂中进行解决。

2.教师分析学情,完成教学预设

教师在吃透教材的基础上,整合手中的教学资源,将一些浅显的视频或者 word 文档,上传到资源库,化整为零,让学生提前感知本节课的知识。相比于传统导学案的预习模式,这种前置的翻转课堂模式更加直观,也更有针对性。学生根据自己的实际情况对自己不明白的地方反复观看,哪里不会看哪里,凸显了教学实践的对象化。这一环节为课堂教学扫清了知识障碍,增强了课堂教学的针对性,同时也能提高课堂探究的效率。此外,教师通过导学中心,可以看到学生预习的反馈情况,进一步准确地把握学情,根据学情调整自己的教学设计。

(二)课中探究环节

1.教师创设情境,提出问题

在学生充分预习的情况下,教师先通过典型的热点素材进行导入,迅速吸引学生进入学习状态。接下来,教师对于学生已经可以自学完成的知识,就不必再花时间讲授,而对于学生未能完全理解的部分和本节课的重难点,教师通过创设生活化的情境,提出相应的问题,并给学生一定的指导性意见,组织学生有序地进行讨论。这样就规避了传统思想政治课堂的弊端,使课堂不再枯燥乏味,而是生动活泼的。

2. 学生合作探究,展示成果

学生们通过课前的预习,基本弄明白"是什么"的问题,课堂探究的重点就是"为什么"和"怎么办"。学生在熟悉了教师所创设的情境,明确教师布置的探究任务后,有序地进行互动讨论,学生讨论中碰撞出智慧的火花,在合作中集思广益,寻找解决问题的方法,梳理整合同伴成员的答案,确定中心发言人作课堂展示。同学们分享彼此的讨论成果,相互补充完善,基本上可以解决大部分问题。

3. 教师总结提升,随堂训练巩固

在学生展示完毕,同伴补充结束后,教师会从多个方面对小组合作进行点评,及时给予反馈。对于学生的薄弱部分补充讲解,对于重难点知识再次进行强化,在此基础上对本节课的知识进行总结。为了对所学知识进行巩固,适量的习题是必不可少的,教师会在自己的终端设备上发布检测案,学生在规定时间内完成拓展提升。

(三)课后检测反馈环节

1. 布置课后作业

教师利用平台发布本节课相对应的作业,学生完成作业后提交给教师,系统会给教师相关的数据反馈,让教师及时了解学生对本节课知识的掌握情况。

2. 反思评价

教师会针对学生作业中存在的问题,有针对性对学生进行指导交流,同时也会反思整个授课过程中存在的问题,为后续的授课提供有益的经验。

四、高中思想政治智慧课堂教学实例分析

(一)常规新课智慧课堂教学实例与评析——以《价格变动的影响》为例

在高一和高二上半学期,思想政治教学多是常规新课,接下来以《价

格变动的影响》为例,详细介绍智慧课堂的设计与实施情况。

1. 教材内容分析

《价格变动的影响》是人教版新课程《经济生活》第一单元第二课《多变的价格》的第二个框题。在第一个框题研究影响价格的因素和价值规律后,第二个框题则反过来研究商品价格变动对生活消费及生产决策的影响。这一部分内容旨在帮助学生加深对市场经济价格现象的进一步认识,体会运用经济学理论参与实际经济生活的魅力。本框题的内容分两目,分别讲述价格变动对生活消费(需求)和对生产经营(供给)的影响。本框题的知识与学生日常生活密切相关,是本课本单元的重点和难点,同时也是近年来新课改学考高考的常考点,需要学生牢牢把握。

2. 课程标准要求

课程标准对本框的基本要求如下:理解价格变动的意义,评述商品和服务价格的变化对生活的影响。

3. 学情分析

随着生源质量的逐步提高,高一学生整体素质较高,学习能力和自主性也较强。学生能够在教师的组织下,以自主、合作、探究等方式观察并发现问题,学着分析并解决问题。学生通过课前预习已经意识到了本框内容与日常生活密切联系,他们好奇、关注,很想进一步了解,但由于缺乏必要的理论支撑和足够的实践体验,因此他们还无法清晰和系统地表达和解释本框所涉及的经济学理论,需要教师在课堂上进一步引导和归纳,把学生脑海中零散的知识串起来形成系统的知识。

4. 教学目标分析

依据思想政治学科核心素养、课程标准要求、本框的知识内容以及学生的学情,将本框的教学目标确定为:①能通过分析生活中商品价格变动的各种情境,全面归纳和总结需求法则,懂得不同商品、相关商品价格变动,对消费者需求量的影响是不同的,培养学生的科学精神。②能根据商品价格变动对生产经营的影响,根据具体情境为企业的生产经营决策提出合理化建议。③能辩证地看待商品供求与商品价格的关系,提高参与经济活动的能力,增强参与经济生活的意识。

5.教学重难点分析

教学重点:价格变动对生活、生产经营的影响。

教学难点:不同商品的需求量对价格变动的反应程度是不同的;价格变动对相关商品需求量的影响;价格变动使生产者调节生产要素。

6.教学方法分析

教法:①情境创设法。创设生活中猪肉价格连续上涨的情境,使学生身临其境,体会价格变化对生活消费的影响,进而引发思考,从感性认识上升到理性认识。②讲授法。对于学生难以理解的知识,通过系统讲授,帮助学生掌握;及时对学生零散的知识进行概括,帮助学生梳理思路。

学法:①问题学习法。带着情境创设中的问题,有目的地进行阅读和学习,提高学习效率。②讨论法。以饱满的热情参与到小组讨论中,和同学的交流中,思维的火花碰撞,更加深刻理解所学内容。

7.信息资源和环境设计

教学环境:利用开十二智慧课堂信息平台,同时借助多媒体教室。

教师信息资源准备:课前教师在导学平台上传本节课的教学微课;同时发布本节课的学习目标和预习任务;根据学生预习的情况,整合与本框知识相关的素材,完成PPT演示课件的制作;课后上传本节课的练习题,上传知识链接,开拓学生的知识面。

学生信息资源利用:课前,登陆导学平台,观看视频,通读教材,完成预习任务;课中,利用手中的平板电脑,对于教师设置的探究问题积极进行互动;课后,完成教师在智慧平台上布置的作业,并阅读教师推送的链接,对本节课所学的知识进行巩固。

8.学习评价设计

学生课前预习情况:学生在预习完成后,要完成10个简单的自测题,对他们的预习进行检测,形成教师对全班的评价。

课堂评价情况:在课堂上,学生小组合作,成果展示,同学之间相互评价;展示结束后小组之间相互评价,此外教师也会进行评价,在整个课堂中呈现多元立体性的评价。

课后评价情况:课后通过有针对性的检测和个性化的辅导,最后通过反思小结的形式进行知识的生成。

(二)复习课智慧课堂教学实例与评析——以《唯物辩证法的实质与核心》为例

在高三学年,思想政治课程教学多是复习课,接下来以高三年级二轮复习《唯物辩证法的实质与核心》为例,详细介绍智慧课堂的设计与实施情况。

1.教材内容分析

本课是人教版高中思想政治课程《生活与哲学》第三单元第九课的内容,主要介绍唯物辩证法的实质与核心——对立统一规律。它是唯物辩证法的根本观点,又是唯物辩证法的教学难点。本课内容从两个框题展开:第一个框题是"矛盾是事物发展的源泉和动力",它包括矛盾的同一性和斗争性、矛盾的普遍性和特殊性两部分内容;第二个框题是"用对立统一观点看问题",它包括主要矛盾和次要矛盾的关系、矛盾的主要方面和次要方面的关系、具体问题具体分析、马克思主义普遍原理与中国实际相结合四个部分的内容。

2.考情分析

矛盾观是新课标中重点考查的考点,关于矛盾的基本属性考查较多。以漫画、典故、诗句、社会热点为载体,选择题和主观题都有。结合人与自然的关系、国情、地域特点、国内外形势、各项改革政策措施的推广试点等,考查矛盾的基本属性,矛盾的普遍性、特殊性以及二者的辩证关系,主要矛盾、矛盾的主次方面等知识。

3.学情分析

高三学生已经过一轮的复习,掌握了相关的基本原理。但是,对于如何构建知识体系、突破难点、运用原理分析社会热点问题的能力还有待提高。因此,通过展示和点评学生的知识体系,帮助学生构建知体系;通过真题训练以及自命题训练,提升学生分析问题、解决问题的能力。高中学生具有一定的自主学习能力,以及小组合作探究经验,采用变式的教学方式来拓展学生思维,引导学生学会提取有效信息,并能够与教材的知识有效对接,进而突破教学重、难点,提升学生的解题能力。

4. 指导思想与设计理念分析

依据建构主义理论,立足学生现实的学习生活经验,着眼于学生的发展需求,从学生已有的知识出发,设计基于学生学习实际的各项任务,引导学生自主合作进行学习,通过构体系、梳原理,辨错点、强重点,练真题、升能力,结时事、自命题等完成教学任务。

5. 教学目标分析

(1)知识与能力

理解唯物辩证法的矛盾概念;懂得用对立统一的观点看问题。

(2)过程与方法

采用任务导向的教学方法,设计层层递进的四项任务——构体系、梳原理,辨错点、强重点,练真题、升能力,结时事、自命题来开展教学。

(3)情感态度价值观

正确对待学习和生活中的矛盾,能够用对立统一的观点看问题,培养学生的科学精神。

6. 教学重难点分析

教学重点:运用唯物辩证法实质与核心的原理分析当今社会热点。

教学难点:区别主要矛盾和矛盾的主要方面。

7. 信息资源与环境设计

(1)教师的信息资源准备

教师进入智慧课堂考试库,通过数据统计找出学生上一轮复习和平时考练中出现的错题,总结易混易错点,将错题组成练习卷。

利用互联网平台,总结和归纳近5年来关于矛盾这一考点的主观性试题的设问,并总结设问的角度和考查的知识点,整理为word文档,上传到学生的资源库。

教师搜集我国社会主要矛盾转化的视频,上传到备课中心,作为上课导入用,同时搜集相关的图片资料、新闻背景资料和视频材料,为课堂情境创设做准备。

将资源库中关于矛盾的微课下载,课后上传到导学中心,以便学生课下巩固使用。

（2）学生的信息资源使用情况

课前进入资源库,下载教师上传的资料进行阅读,并且利用和互联网,搜集更多自己需要的与本节课相关的资源。

课堂上运用智慧课堂选择题答题器技术手段,在教师的安排下迅速作答,并上传自己的大体结果,智慧平台会及时反映学生的学习成果,便于掌握学生的学习状况,精准点评和辅导。

课后下载微课视频,根据自己实际情况进行巩固,同时完成教师布置的作业。

（三）实践课智慧课堂教学实例与评析——以"模拟人大活动"为例

实践课是政治学科近年来打造的一种新型思想政治课,也符合新课程标准所倡导的活动性课程要求。接下来,以"模拟人大活动"为例,详细阐述实践课智慧课堂教学设计和实施情况。

1. 设计思想分析

本节课的教学设计立足于"做中学,学中觉,觉中悟"的理念,以2018年人民代表大会的流程为基础,将人民代表大会的重要场景通过模拟的形式再现,借助智慧课堂平台和移动终端设备,让学生在模拟过程中体验民主,理解全国人大的职权和人大代表的权利和义务;同时,在模拟人大活动中,用亲身体验去感知法治精神,增强学生的公共参与意识。思想政治课程标准指出,高中思想政治课程具有学科内容的综合性、学校德育工作的引领性和课程实施的实践性等特征,它与时事政治教育相互补充,力求构建学科逻辑与实践逻辑、理论知识与生活关切相结合,建议教师设计系列的活动型课程,使理论观点与生活经验有机结合,让学生在社会实践活动的历练中、在自主辨析的思考中感悟真理的力量,自觉践行社会主义核心价值观。

2. 课程标准要求

人民民主专政是我国的国体；人民代表大会制度是我国的政体，是我国的根本政治制度。人民行使国家权力的机关是全国人民代表大会和地方各级人民代表大会；"一府一委两院"是行政机关、监察机关和司法机关。

3. 活动目的设计

本次活动的举办和组织，有利于鼓励学生更多地关心时政，重视了解我国的政治体制，促进学生养成"重国事、勤思考、系天下"的优秀品质，承担起未来的国家和社会责任。

本次活动形式多样、内容丰富，融合了多项旨在考核学生综合能力的比赛项目，让参赛的学生在拓展政治知识的同时锻炼语言表达能力、逻辑思辨能力和临场表现能力，有利于培养全面出色的高素质领导人才。

本次活动以"关注国家社会，共担未来责任"为主题，有利于在校园里弘扬和塑造积极健康的校园文化，教育广大学子努力学习、心系天下，将来为祖国的发展、民族的复兴作出自己的贡献。

4. 活动人员安排

以每个教学班级为单位，将全班同学根据人数分为7~8组，前四组准备角色扮演，每一组呈现这年人民代表大会的一个场景；后面的组每组准备一项人大代表提案。

5. 活动主要流程

第一阶段：宣传报名阶段。一方面，由各班宣传委员利用班会时间进行宣传，提出活动准备的相关要求，鼓励班级同学踊跃参与，提出有质量的议案。另一方面，教师会在智慧教育平台发布模拟人大活动及相关要求。

第二阶段：议案搜集和筛选阶段。学生以自己所在的学习小组为单位，利用互联网搜集相关信息，确定自己小组的议案，根据议案书写的格式完成议案的撰写，将写好的议案上传到活动平台。教师会对学生上传的议案进行初步筛选，给出小组反馈，让小组继续对议案进行修改，最后将质量较好的议案收集起来，以备模拟现场审议和表决使用。召开一次培训会,介绍模拟流程,并将角色合理地进行分配。学生将会针对自己的角色分别准备相关资料。

第三阶段:现场模拟阶段。现场模拟阶段分为三个环节:第一个环节为经典片段再现阶段,主要呈现这年人民代表大会四个重要情境,体会人民代表大会的四项职权,另外四组充当评委,现场利用终端设备进行投票,选出最佳表演组;第二个环节是"人大代表为人民"阶段,提议案的小组派代表展示自己的议案,此时模拟表演组充当评委,利用手中的终端设备最终选出最佳提案;第三个环节是总结环节,由学习委员和教师分别对本次模拟人大活动进行总结。

6. 信息资源与环境设计

活动环境:利用开十二智慧课堂信息平台,同时借助多媒体教室。

教师信息资源准备:课前教师在智慧课堂平台上传本次活动的策划书、本次活动的主要流程以及这年"两会"的视频资料,供学生前期准备时使用。在活动准备阶段,教师利用平台下载学生上传的提案,并给学生的提案即时反馈,帮助学生修改提案。

学生信息资源利用:在活动准备阶段,学生利用互联网搜集"两会"的图片、视频以及相关文案资料,同时进入智慧平台,下载教师上传的相关资料,做全面的准备;同时,提案组小组合作,利用校内校外时间,以各种形式交流、撰写、修改、完善提案;在模拟过程中秉持公正的态度,利用手中终端设备理性投票,选出最佳表演组和最佳提案。

第三节 基于智慧课堂的高中思想政治课程创新教学设计的效果分析

实践是检验认识真理性的唯一标准,先进的教育思想、教育观念、教学模式必须在实际的课堂教学中实施,需要接受广大教师和学生的检验。思想政治智慧课堂模式究竟如何提升教学的效果,需要我们在思想政治教学实践中进行检验。

一、学生结果评价

时代在发展,技术在进步,课堂在不断改革,作为新时代的中学生,他们对于这些变化和发展的认知和认可程度比较高,大部分学生是从心底接受这种智慧课堂的;当然我们也可以了解到思想政治智慧课堂的优越性,学生可以显而易见地感受到这种优越性;在教师充分引导下,在正确利用思想政治智慧平台和资源的前提下,学生的学习能力和成绩必然不断提升。

二、教师结果评价

教学活动既包括学生的学,还包括教师的教。教师是课堂的组织者,也是课堂的主导者。与传统的思想政治课堂相比,这种智慧课堂的思想政治课堂模式对于教师来说也存在很多挑战,尤其对年龄较大的老教师来说,掌握智慧课堂的技术就不算一件轻松的事情,对于这种新形式的课堂教学模式的接受,也是需要一个过程的。因为不同学校、不同年级使用智慧课堂的情况是不同的,所以通过两名教师的访谈分析教师结果评价[①]。

(一)老师一访谈记录

问:老师,高三学生对于这种基于答题器的智慧课堂模式适应了吗?

老师一:基本上适应了。咱们学校试点开始得比较早,这届学生的部分班级在高一时已经接触过了,所以有些学生其实比老师适应得还快,并且这种答题器模式的智慧课堂,要比高一年级使用的Pad更加简单,学生上手快。

问:老师,您所采用这种智慧课堂模式上课的频率高吗?您觉得效果怎么样?

老师一:我们现在基本上习题课都要采用这种课堂模式,学生当堂做的题目,通过答题器把答案迅速上传,系统就会自动批阅,学生答题情况就非常直观明了地显示在大屏幕上,我们不用再像以前一样,把学生的练习册或者训练卷收上来一份一份地改,在批阅试卷方面老师负担减轻

---

①李闯. 加强生命化教育,构建高中政治智慧型课堂[J]. 华夏教师,2019(28):70-71.

了很多。并且大数据会非常直观地显示哪道题的得分率低,我们在讲评时更有针对性,不用再一遍又一遍地问学生这个题会不会、要不要讲,有的学生错了却不回应,那么老师就不会再讲。现在大数据就很精确,错得少的,学生同伴之间相互问一问就解决了,老师不会占用大家时间解决个性化的问题,老师在课堂上只针对共性的错误进行讲解,课堂效率会高一些。

问:老师,对于高三毕业班来说,除了您刚才谈到的习题课课堂效率会更高之外,您觉得这种智慧课堂还有其他优势吗?

老师一:我觉得这个智慧课堂平台还有一个非常大的优势,就是它的动态追踪模式。不是说用完这个系统就结束了,系统会将每一次考练的数据自行进行生成,让教师看到学生数次考试过程中呈现的趋势是什么,哪些知识点是薄弱的,需要再次去强化的。此外,我觉得对于高三学生来说,错题是一笔非常宝贵的财富,系统定期会提醒我们关注学生错题,把错题做成错题库,我们可以把错题库的习题拿出来让学生反复做。

问:以上我们谈了一些智慧课堂在政治课堂应用方面的优点,那么您觉得现在这个系统在使用过程中是否还存在一些问题,或者说您觉得还有需要改进的地方吗?

老师一:像我这样40多岁的中年教师来讲,对于技术的掌握还是比较困难的。我们高三年级使用这个智慧课堂平台也有一段时间了,但是我对于整个过程的操作流程还是不太熟悉,经常不是进错平台了,就是密码给忘了,或答案发布时发错了。我觉得要使更多的教师接受这种教学方式,一方面,培训还是非常有必要的,并且还应该定期培训,培训一次我是没办法掌握的,毕竟年龄大了,这种高科技的东西接触起来还是有些困难的;另一方面,我觉得这个平台设计还应再优化,更加简洁一些,现在的系统感觉还是有些复杂,程序有些太烦琐了。总体上讲,这种智慧课堂模式还是非常不错的,我相信这也是今后课堂教学的大趋势。

(二)老师二访谈记录

问:老师,您所带的这届学生,从高一就开始进行智慧课堂的试点了,您觉得通过这一年的试点,效果怎么样?

老师二：因为我所带的班级既有传统课堂授课模式，也有一个智慧课堂授课的试点班级，通过对比，我觉得最显著的一个区别就在于，使用智慧课堂模式的班级课前预习更加充分，所以在讲授新课时，就会觉得学生接受得更快。像一般的班级，虽然课前也给他们布置预习任务，但是课堂上还是需要再留个3分钟左右给他们看书，很多学生在预习时只把导学案上的问题答案在课本上找到，搬到导学案上，至于是什么意思，他们可能就没有关注。

问：在和其他老师交流时，有老师反映每次课前给学生上传微课非常麻烦，而且做微课更麻烦，对于这个问题您怎么看？

老师二：制作微课确实有些麻烦，但是确实是比传统的填空预习效果要好。其实老师也不需要每节课都做微课，有时间有精力了自己做，没时间时可以充分利用网络资源，比如说咱们西安就有个名师优质资源库，基本上陕西省的能手还有骨干教师都有在上面上传微视频，质量也不错。很多时候，我们在备课时可以更加灵活些。

问：那么您觉得学生上课时每人手上拿个Pad，会不会存在学生用Pad玩耍，而不认真听课呢？

老师二：这个问题起初我也考虑过，但是试点这么久，几乎没有发生过。首先，咱们学校的学生素质还是比较高的，对自己是有要求的，课堂上还是很规矩的。另一方面，每节课我们安排得都很紧凑，大多数的知识都是设置了情境，通过情境抛出问题，学生带着问题思考和讨论，课堂气氛比较活跃，学生不会感到无聊，就不会在下面玩耍。此外，课堂容量大，除了完成知识讲授外，还要完成一定量的习题，课堂安排得很满，学生就没有精力去干其他事了。无事才会生非，有事可做就动起来了。

问：确实是这样。老师，您觉得对于咱们思想政治学科来讲，这种智慧课堂给咱们带来的最大机遇是什么？

老师二：咱们这个课程很特殊，一不小心就上成单一的教学了，学生不爱听，总觉得我们喜欢说教。我觉得利用智慧平台这种思想政治课授课模式，课堂容量大，一方面，我们可以搜罗最新时政素材，创设的情境时代气息强，能把课上得更有意思些；另一方面，课堂更加自由开放，学生不用举手回答问题,羞涩的学生不用害羞,有啥想法可以在弹幕上表达,互动变得更加轻松活泼。

问:那您觉得这种智慧课堂给我们思想政治课教师又带来了哪些挑战呢?

老师二:我觉得最大的挑战就是资源整合的能力,和新技术的掌握和运用能力。以前传统的课堂上,其实大多数还是老师讲授为主,把知识讲明白就可以了,现在咱们的学生对媒体的接触非常频繁,涉猎的东西非常广,我们如何在这些不同的思潮中,使我们的观点让他们更加容易接受,或者说我们得整合什么样的资源,让这些资源在课堂上呈现在他们面前,确实比以前难很多。还有技术问题,现在信息技术发展太快了,不要说年龄大的老师使用这些平台有困难,我们年轻人都得一段时间去摸索。时代推着我们不得不去学习新事物。

思想政治课程是高中阶段立德树人的关键环节。随着时代发展,传统思想政治课堂无法满足新时代高中学生更高层次的需求。高中思想政治课程必须紧跟时代步伐,与时俱进,借助信息技术的优势,打造富有时代气息的智慧课堂。

第五章　基于微课的高中思想政治课程创新教学设计

第一节　微课相关概述

随着社会经济条件以及互联网信息技术的发展，人们开始追求便捷高效的教育与学习方式。由此应运而生的微课，凭借其创新的教育形式逐步与高中思想政治课程融合，促进了高中思想政治课程教学的发展。

一、高中思想政治微课的概念

现代多媒体技术的快速发展，特别是影音媒体在多领域的运用，给人们的生活和工作带来了深刻影响，微课正是在这一背景下提出来并运用到教育领域的一个概念。要准确把握微课的概念，应从历史渊源与发展阶段两个方面出发。从历史渊源来看，电化教育是一种利用现代科学技术，如投影、广播、音频、视频等进行教育信息传递的教育形式。早在20世纪初，南京汇文书院就已经在教室内使用电影进行教学，把电影与广播配合进行教育工作，到1936年电化教育正式被官方承认，自此以后，电化教育迅速发展起来，并逐渐孕育出微课的相关理论，成为现代教育体系中的一个重要分支。从发展阶段来看，我国微课的发展经历了三个阶段，分别是微课资源的开发与形成阶段、微课设计与教学阶段、微网络课程设计与开发阶段。每一发展阶段对微课概念定义的侧重点都会有所不同。由此看出，不同学者或机构对微课概念进行定义时，会随着理论与实践的发展而发生变化。如微课提出者佛山市教研员胡铁生，就先后三次对微课进行了不同层面的定义与修改，最终认为微课又名微课程，它是以微型教学视频为主要载体，针对某个学科知识点（如重点、难点、疑点、考点等)或教学环节(如学习活动、主题、实验、任务等)而设计开发的一种情境化、支持多种学习方式的新型在线网络视频课程。华南师范大学焦建利教授认为,微课是以阐释某一知识点为目标,以短小精悍的在线视频为表现形式,以学习或教学应用为目的的在线教学视频。而根据教育部教育管理信息中心的相关文献看出,微课即为"微型视频课程",它是以微视频作为教学的主要呈现方式,以学科知识点、重难点、疑点等作为教学内容的多种资源的有机结合体。虽然学者们各抒己见,但是我们不难发现其中的一些共同之处,如教学时间简短、以微视频作为主要呈现方式等[1]。

高中思想政治学科是一门引导学生确立正确的政治方向,提高其法治意识,增强社会理解和公共参与能力的综合性、活动型学科课程。同时,高中思想政治课程还是高中阶段落实素质教育,培养学生形成正确的世界观、人生观、价值观的重要途径,对学生的身心发展具有重要作用。对此,要想在日常的高中思想政治教学过程中取得良好的效果,就必须遵循学科课程标准,考虑具体的教学实际情况,协调好教师与学生之间的关系。所以,高中思想政治微课是指根据具体的学科课程标准与教育实践情况,针对教学的重点、难点与疑点,利用微视频作为主要载体进行情境创设,以帮助学生建构高中思想政治学科知识的一种新型教学方式。

二、高中思想政治微课的特点

作为微课与具体学科的结合,高中思想政治微课既具备微课的一般特点,又与其他学科的微课有所区别,彰显着自身的学科特殊性。同时,高中思想政治微课作为一种新型教学方式,理应从教学的层面出发去考虑其所具备的特点。所以,结合当前微课资源的实际情况综合分析认为,高中思想政治微课具备教学时间短、教学过程互动性强、教学情境丰富等特点。

---

①黄强. 微课制作与创新教育[M]. 哈尔滨:哈尔滨出版社,2020:36-42.

（一）教学时间短

在传统教学模式指导下的教师，通常倾向于单向传输，冗长的教学时间往往让学生一时间接收的知识量过多，难以消化，取得的效果并不理想。大量的心理学研究表明，人脑注意力的集中时间相当有限，学生有效的学习时间并不长，而高中思想政治微课讲授的内容难度普遍较大，所以，要使学生取得良好的知识建构效果，就必须遵循学生的认知特点，高效利用学生短暂的有效学习时间。另外，高中思想政治微课从其提出命名就可以看出它的一个主要特征在于"微"，而其中最直接的表现就是教学时间短。作为微课主要呈现形式的微视频，其时间长度非常简短，与传统的课堂实录视频与大规模在线课程视频有所不同，一般控制在5～10分钟左右。教育部管理信息中心举办的全国中小学优秀微课征集活动，其评审标准明确要求微课教学视频一般不超过10分钟，且从获奖作品来看，大部分高中思想政治微课的教学时间都集中在7～8分钟。但是教学时间短并不会降低教学效果的实现程度，反而更符合高中阶段学生的心理发展特点，有利于学生更好地规划和利用碎片化时间，提高课堂注意力的集中程度，进而提高学生的学习效率，达到预期的教学目标。

（二）教学过程互动性强

教学过程是实际教学环节的写照，是教师的教学预设向生成转化的基本途径。互动是指教学过程中主客体的相互联系与能动反映，是师生在教学活动中相互交流、影响、不断作用的状态。高中思想政治微课讲授的知识，主要是社会主义经济、政治、文化领域的重点内容，其内容体系繁杂，学生理解起来并不容易。对此，学生想要完全掌握这些教学内容，仅靠被动接受知识是难以取得效果的，必须与周围的学习者、教师进行互动交流，才能真正完成内容的意义建构。另外，在高中思想政治微课的教学过程中，教师只是通过微课创设情境与提供相关材料协助学生学习，不再是课堂的"掌权人"，其他一切均靠学生自身的努力。对此，学生必须充分发挥主观能动性，加强教学活动中与教师、其他学生之间的交流、讨论，才能取得良好的学习效果，即学生之间必须通过互动才能达成建构知识的目标。由于每个学习者已有的知识经验、认知结构与思维模式均存在差异,不同学生之间经过互动、交流与讨论,必然使得不同的看法能够互相碰撞,促使学习者懂得以不同的思维方法解决实际问题。总而言之,教学过程互动性强是高中思想政治微课的特征之一,这有利于培养学生的合作学习意识,提高学生的团队协作能力。

(三)教学情境丰富

现代教育学理论认为,知识的学习要有情境性,有效的知识学习必须依赖于特定的教学情境,即知识的获得应根植于社会实践的过程中,而不是与外部世界分隔开。高中思想政治课程是一门根植于生活、服务于生活,培养学生认识社会与参与社会能力的学科。因而,在进行教学的过程中,教师不应只是就知识本身进行解释,更要将知识与丰富真实的社会情境相结合,从学生熟悉的、丰富的情境中引入学习。在传统的高中思想政治课堂中,教师以教材为本,主要通过口头、文字的形式进行教学情境的创设,学生以被动接受式学习为主,所以,普遍存在教学情境单一枯燥、学生感受性不强等问题。对此,高中思想政治微课凭借自身的优势,通过图片、音频与视频等形式进行时政情境创设,社会上的大部分素材都可以加以利用。由此创设的情境丰富多彩,能够紧密联系社会生活,具有明显的时代特色,符合高中阶段学生对情境的学习需求。总而言之,与其他学科的微课相比,高中思想政治微课更能有效利用社会生活素材,创造丰富多彩的教学情境,这是高中思想政治微课的显著特征。

三、高中思想政治微课的意义

当今时代信息技术快速发展,教育不断与这些技术相结合,微课正是在这一背景下产生的一种创新教学方式。自产生以来,微课就逐渐被应用于高中思想政治课程教学当中,给高中思想政治课堂教学带来了许多变化。对微课运用于高中思想政治课程中的意义,不同的学者从不同的角度提出了自己的看法,涉及教学的主客体、教学手段、教学模式等方面。例如,石丹阳认为,高中思想政治微课能够提高学生对学习的主动性与实效性,同时亦对教师的教学水平与课堂的教学质量产生积极的影响。对此,笔者在对相关文献进行总结分析后认为,高中思想政治微课的意义主要表现在学生学习、教师发展和教学改革三个层面。具体阐述如下：

（一）激发学生学习兴趣，提高学习效果

以学生为中心，把学生看作各类教学活动开展的主体，这一教育理念已逐渐成为人们对教育的基本看法。而兴趣是调动学生学习积极性与主动性的显著因素之一，缺乏应有的兴趣或者兴趣度较低，将会直接影响到学生学业成绩的提高。传统的高中思想政治课堂教学主要是以教师作为主导，教师将教学内容通过口头和书面的形式直接灌输给学生，知识的呈现形式较为单一。学生被动地接受知识，对教师的依赖程度高，从而导致课堂气氛较为僵化、枯燥，学生的自主学习能力降低，逐渐失去对课堂与学科学习的兴趣。高中思想政治微课利用不断发展成熟的信息技术，以微视频作为主要媒介，为学生创设真实的教学情境，能够满足学生对接受信息渠道更新的期待，对学生具有较高的吸引力。由此创设的教学情境，直观真实，符合学习主体的身心发展规律，能够刺激学生产生多方面的感官体验，形成对主题内容强烈的共鸣，有利于学生学习兴趣的激发。

另外，评价教学活动科学与否的标准在于学生最终的学习效果如何，这也是教学活动开展的归宿与最终落脚点。由于高中思想政治课程内容的理解难度较大，部分学生因缺席课堂或自身理解困难，严重影响到其学业成绩的提高，加上在课后缺乏有效的方式进行弥补，学生容易陷入学习困难的恶循环。高中思想政治微课依托网络信息技术的支持，打破了传统学习的时空局限。学生能够利用碎片化的时间观看微课视频来进行学习，无论在何时何地，只要具备观看的基础条件就可以进行学习，大大延伸了学生的学习时间与空间，这种便利性使得学生对自己的学习进程掌握更加自主化。高中思想政治微课还可以介入学生学习的课前、课后两个阶段并发挥作用。在课前，微课的引入能够让学生对即将讲授的知识产生疑问并进行思考，帮助学生初步构建学科知识体系，为课堂教学奠定良好的基础。在课后，学生可以根据自身的实际学习状况，选择相应的微课进行自主学习，满足学生不一样的学习需求，弥补学

习漏洞,达到不断完善和巩固知识的目的。同时,学习能力较强的学生可以有条件加速学习,加快自己学习的进度;学习能力或基础较差的学生可以反复学习,提高高中思想政治课程学习的灵活性与多样性。从此,学生由知识的被动接受者变成主动建构者,被动学习转变成主动学习,解决了长期存在的教学效果难以整体性与差异性共存的难题。总的来说,把微课引入高中思想政治课教学过程中,能够让学生的学习兴趣得到激发,提高其学习的积极性与自主性;优化课前课后两个学习过程,满足不同学生的个性化学习需求,最终提升学生的整体学习效果。

(二)提高教师教育技能,优化教师队伍

2018年9月,习近平总书记在全国教育大会上指出,坚持把教师队伍建设作为基础工作。他强调,建设社会主义现代化强国,对教师队伍建设提出新的更高要求,也对全党全社会尊师重教提出新的更高要求。对此,本着对学生负责,对人民负责,我们必须从战略高度认识加强教师队伍建设的意义,建设一支高素质专业化的教师队伍。传统高中思想政治课教师的教学范式,主要是通过手写教案来设计教学过程,并依据教案来进行课堂讲解,口授与书写黑板是两个重要的呈现手段。因此,传统教学对教师的要求更多地偏向于对教学思路、教学环节设计等方面,对技术方面的要求相对较低,导致很多教师对信息技术领域的知识掌握有所欠缺。但现在的学生是在互联网时代成长起来的新一代,如果教师没有及时跟上时代的步伐,会使得教师与学生之间产生一定的信息代沟,教师很难准确抓住学生目前所关注的要点进行针对性教学。微课的出现对于高中思想政治课教师来说,既是机遇又是挑战。微课作为教育信息化发展的产物,从诞生那天起就已经在技术层面对教师提出了新的要求。微课无论是在其设计还是录制环节都是需要应用一定的多媒体信息技术,不同的讲解内容与思路需要不同的技术能力,例如插入字幕、动画链接、视频剪接等计算机技术。对此,教师要制作高质量的微课,就必须不断提高自身的信息技术制作能力,投入更大的精力参与学习,熟练掌握微课的相关技术,提升自己的教育技能与专业应用水平。只要教师不断提高利用信息技术的水平,跟上时代的节奏,微课发展就会有良好

的基础,教师队伍就会更加专业化。

如果说微课的录制是在技术层面对教师提出要求,那么,微课设计更多的是对教师的教学理念提出挑战。教师素质的提升不仅仅是指专业能力的多元化,理念的更新同样占据重要地位。微课所搭载的创新教育观念,使课堂教学变得更加多元化,让传统高中思想政治课教师对课堂教学时间、知识呈现方式、课堂角色定位、学生学习方式上有了全新的了解。想要灵活驾驭高中思想政治微课,教师必须更新自身的教育理念,对以往的教育习惯与见解进行反思。除了提高教师的信息技术水平与教学理念外,微课还从多维度促进教师专业的发展,优化教师队伍。例如,基于互联网微课的快速发展,为教师的交流学习搭建了平台。教师通过网络就可以观看及传播共享优质的微课教育资源,发表自己对教育的看法与建议,分享自身的教学实践经验,促进同行之间的教学信息交流。通过交流,不同的教学设计、教学方法、教育风格等能够让教师发现自身的局限性,找出自身与他人之间的差距,从而不断地学习优秀的专业知识,反思自身,取长补短,促进专业发展,提高课堂教学质量。总的来说,高中思想政治微课能够优化教师的教学风格,扩宽教学发挥的空间,提高教师的教育技能,促进教师的专业发展与素质提高,从而促使教师队伍优化。

(三)丰富课程教学资源,推动教学改革

《普通高中思想政治课程标准(2017年版2020年修订)》指出,课程教学资源是教学过程中一切可利用的帮助实现教学目标的资源总和,是整个教学过程中必不可少的条件之一,是课程要素来源以及实施课程的直接条件。高中思想政治课程教学资源的开发,直接关系到课堂教学效果与学生学习效果的实现。课程教学资源根据不同的标准可以分为不同的类别。如:按载体可分为文字资源与非文字资源;按获取途径可分为课堂资源与课后资源;等等。传统的高中思想政治课程教学资源长期以纸质教材作为核心组成部分,存在资源单一、形式较为陈旧的问题,难以适应日渐发展的教学与学习需要。高中思想政治微课教学运用自身特点,有机整合文本资源、图片资源、音频资源、视频资源与网络时政资源

等常用课程资源,拓宽了教学资源的呈现形式,为实际的高中思想政治课程教学提供多样的载体与素材,使课程教学的资源逐渐丰富。同时,高中思想政治微课不仅能为学生提供课堂内的课程资源,还能为学生的课程学习提供课外资源。随着互联网信息技术的发展以及移动终端技术的普及,越来越多的学生会根据自身的实际情况,通过互联网找到适合自己的高中思想政治微课进行课外学习,达到巩固知识的目的。

另外,教学改革是指为了促进教育进步、提高教学质量而进行的教学内容、方法、制度以及进程安排等方面的改革。要想高中思想政治微课得到有效的开展,必须存在相应的教材、学科教学标准以及进程安排等与之相匹配,只有这样才能使高中思想政治微课实施的各部分协调顺畅。在该发展要求的指引下,必然会促使高中思想政治课程教学创新运用当前教材,改变传统的教学模式,调整原有的教学进度,进而推动课程教学改革,以满足高中思想政治微课教学的实际需要。如简短的微课体系要求学生具有很强的课堂自学能力,也对教材提供的内容产生不一样的要求;教师在微课应用中发挥辅助作用,会直接改变常规课堂的上课时间与进度安排。总而言之,高中思想政治微课关于教学与学习的创新理念与主张,必然给课程教学的革新带来强劲的动力。

第二节 基于微课的高中思想政治课程创新教学设计的必要性与可行性

微课作为一种新型的教学方式,被广泛应用于教育领域。随着互联网信息技术的发展,许多教师发现微课在高中思想政治课堂中有很大的实施空间。要想更好地发挥高中思想政治微课的作用,提升高中思想政治课程的教学效果,教师必须对微课进行系统有效的设计,即为微课教学诸要素的有序安排制订相应计划。将微课设计引入高中思想政治课教育教学过程是必要的,也是可行的。

一、高中思想政治微课设计的必要性

高中思想政治课程教学内容繁杂,知识点涉及我国经济、政治、文化、社会等诸多领域,且理论性较强,这对于高中阶段的学生来讲,理解存在一定的难度。同时,传统的高中思想政治课堂教学亦存在较为突出的问题,如内容设置不合理、教学情境枯燥、学生自主性不强等。微课设计的引入能够使高中思想政治课程教学发生相应改变,有利于学生更好地建构思想政治知识。其必要性主要体现如下[①]:

(一)合理的微课设计可将知识化繁为简

思想政治课程是普通高中的必修课程,是以马克思主义基本观点作为核心进行教学的德育课程体系。高中思想政治课程旨在引导学生树立正确的世界观、人生观与价值观,形成良好的思想道德品质;培养学生政治认同、科学精神、法治意识和公共参与等核心素养,使其能够把握我国的基本国情,了解基本的法律知识,提高分析问题和社会实践的能力,逐步成为具有共产主义远大理想和中国特色社会主义共同理想的公民。由此可以看出,高中思想政治课程的内涵十分丰富。

合理的微课设计注重微视频的应用,能够将抽象的高中思想政治课程理论与繁杂的知识体系通过影像化的微视频简单生动地呈现,有利于活跃课堂气氛,激发学生的学习兴趣,调动学生的学习积极性与主动性,从而达到良好的知识掌握效果。特别是互联网微课的应用,能够突破传统课堂的时空界限,满足学生的个性化学习需要,学生能够自主选择自己理解有所欠缺的知识点进行巩固与查漏补缺,这样既减轻了学生的课堂学习压力,又培养了学生的自主学习能力。另外,合理的微课设计能够把繁杂的课程内容分解成一系列针对重、难点进行突破教学的微课,使学生从繁杂的知识体系理解中解放出来,进行重点知识的突破学习,逐步构建完善的知识体系。综上所述,合理的微课设计使学生对知识的理解变得简单直接,更利于学生高效掌握知识,因而体现了其必要性。

---

①高陆军. 微课在思想政治课教学中的应用[J]. 中学政治教学参考,2020(10):17-18.

（二）恰当的微课设计能提高课堂教学效果

高中思想政治课程把提高学生的思想道德水平作为根本任务,有计划、有目的、有组织地培养学生的学科核心素养,增强其参与社会生活的能力,帮助其树立正确的思想观念、政治观点与法制意识。同时,高中思想政治课程还是培育学生社会主义核心价值观的重要途径,因而对学生的身心发展具有十分重要的作用。

但是,在实际的高中思想政治课程教学过程中却存在较为突出的问题,直接影响到课程效果的落实。主要表现在:第一,内容设置不合理。高中思想政治课程教学内容是课堂教与学相互作用所要传递的信息,是教学目标达成的重要保证。在实际的高中思想政治课程教学过程中,教学内容设置通常繁浅相交,重点不突出。一节45分钟的课程,课堂讲授的知识点数量多,林林总总。既有核心知识,又有拓展知识,各种知识要求学生掌握的程度又各不相同,对此,学生往往难以准确把握相关内容。加上学生注意力的集中时间有限,有效的学习时间短暂,因而经常会出现教师在台上讲得兴高采烈,但学生对知识的理解只停留在表面,缺乏深入理解的情况,使教学效果大打折扣。第二,教学情境枯燥。情境教学法是高中思想政治课堂中较为常见的教学方法。该方法要求教师根据课堂教学内容,利用各类生活素材,创设生动形象、感染力丰富的情境,以引起学生情感上的共鸣,拓展想象空间,激发兴趣并正确理解知识。但在实际的教学进程中,高中思想政治课程教学情境枯燥乏味,具体表现在缺乏创造性与脱离学生实际两个层面。一方面,部分高中思想政治课教师选择的情境素材千篇一律,毫无新意,且通常利用口头表述的形式为学生描述情境,学生对此难以有切身的感受,经常"一头雾水";另一方面,部分高中思想政治课教师脱离学生的认知实际与时代趋势进行情境创设,习惯选择所谓的"经典案例"进行教学,但学生对此往往兴趣度并不高。例如,在讲授"国家财政的作用"知识点时,仅口头讲授"家电下乡"这一事例,虽然与财政的作用知识点相契合,但该情境年份距离学生较远,且呈现方式陈旧,因而学生感受性不强,理解起来较为枯燥。第三,学生自主性不强。现代教育学表明,学生想要掌握知识,最好的办法不是机械记忆,而是依靠自己的学习自主性,充分参与到知识的习得过程中,这时兴趣与思维才是最活跃的,所获得的知识也最为深刻与牢固。但在传统的高中思想政治课堂教学过程中,传统教学方法依旧根深蒂固。教师为完成预先设计的教学讲授内容,常常忽略学生的个性化学习需求,以自我为中心,全面把控课堂的教学,占据绝对的领导地位。例如,高中思想政治课教师在帮助学生梳理教材内容时,通常以主观题的形式直接罗列相关知识,学生对此不需要过多的思考,只需把教师所讲授的知识点记下来并进行背诵即可。长此以往,学习逐渐变成一种在他人强制支配下的被动行为。学生变得沉默寡言,即使有自己的想法也不敢表达,加上长期在缺乏思考的状态下进行学习与作业,很少能自主掌控学习活动,进而学习自主性逐渐丧失。

针对教学内容设置不合理的问题,恰当的微课设计其主题十分明确,内容突出,每一个教学步骤都是为了使学习者掌握本节课的重点知识,充分利用了学生的高效学习时间。针对教学情境枯燥的问题,恰当的微课设计利用视频、音频、互联网等多种新型媒体形式进行教学情境创设,能够使教学情境丰富多彩,贴近学生生活,从而有效激发学生的学习兴趣,吸引学生的注意力。针对学生自主性不强的问题,恰当的微课设计强调学生对知识的自主建构,注重激发学生的学习动机,同时可以突破传统课堂教学的时空局限,让学生可以自由选择时间和空间进行学习,进而学生的学习自主性得到不断提高。综上所述,恰当的高中思想政治微课设计能够改变传统课堂教学存在的不足,提高课堂教学效果。

二、高中思想政治微课设计的可行性

高中思想政治微课的提出并不是空中楼阁,而是能够切实贯彻到教学过程中的一种创新教学方式。因而,在高中思想政治课程教学中引入微课设计不仅有必要性,更具有实际的可行性。

(一)课程改革为微课设计提供了契机

高中思想政治课程无论对于学生个人的成长,还是国家的发展,都发挥着至关重要的作用。但随着新时代的形势发展,特别是教育观念的转变、教育信息化环境的形成、学生个性化学习需求的更新等情况出现,高中思想政治课程在实际的教育教学过程中开始出现各式各样的新问题,严重威胁着高中思想政治课程的发展。因而,进一步深化高中思想政治课程改革,提高高中思想政治课程教学实效显得尤为迫切和重要,我国相关部门也做出了巨大的努力。首先,教育部从基础教育课程体系这一宏观层面对课程改革提出了整体要求,即要紧随时代发展趋势,打造具有中国特色的基础课程体系。课程改革涵盖幼儿教育、义务教育和普通高中教育三个阶段,坚持关注学生发展、强调教师成长、重视以学定教的基本理念,目标是实现课程知识倾向、课程内容、课程结构、课程实施、课程管理与课程评价等多方面的科学转变。例如,《国家中长期教育改革和发展规划纲要(2010—2020年)》明确指出,要不断开发与应用优良教育资源,促进教育信息化进程提速,稳步推动我国教育信息化步伐向前发展。其次,教育部结合本国国情与高中教育计划制定并颁布了《普通高中思想政治课程标准(2017年版)》,并于2020年进行了修订,进一步推动高中思想政治课程改革的发展。该标准明确提出高中思想政治课程在我国高中阶段教育中的地位,并对教学内容进行更新,增强课程的指导性,增加了议题讨论等教学形式,要求学生充分参与到教学过程中去。这一标准不仅能为教师的实践教学和学生的学习提供参考,还能为教育行政部门与教研部门提供评价依据,是指导高中思想政治课程改革的纲领性文件。

总而言之,国家基础课程改革与高中思想政治课程改革的开展,有利于突破传统教学的时空限制,激发学生的学习兴趣;有利于发挥学生在学习过程中的主体性作用,培养学生独立分析与解决问题的能力;有利于教师能力水平与专业素养的提高;等等。以上改革的目标与方向相当符合高中思想政治微课设计的现实要求与初衷。换句话说,新一阶段课程改革所蕴含的教育理念、提倡的教学方法与学习方法,为高中思想政治微课设计提供了良好的发展契机,使其能够真正促进高中思想政治学科教学的发展。

(二)学习观念与方法的转变为微课设计提供了基础

随着社会的不断发展,特别是信息技术的广泛应用,社会对人的素质的要求变得越来越高。处在黄金发展阶段的高中生同样面临着激烈的竞争与巨大的挑战,他们不仅要具备系统的知识结构与丰富的知识储备,而且要有良好的能力水平,特别是自主学习的能力。在新一轮的教育改革与新课标要求实施下,高中生不再只是盲目接受智力教育训练,而是接受以立德树人、素质教育等先进教育理念指导的教育,使得学生的自主意识和思维能力不断增强,传统的学习观念与方法发生转变。在学习观念方面,当前学生对学习的认识从过去"要我学"转变为"我要学",明确知道自己学习的目的与做法,对学习的要求与需要不断提高。如许多学生认识到自己只有通过学习才能不断提高学习效果与学习兴趣,促进自身发展。在学习方法方面,学生逐渐抛弃传统"记""背"的学习方法,由以往注重书本知识、考试内容、考试分数逐渐转向科学运用知识和全面提高素质。过去学生把学习方法看作个人的事情,与周围同学并没有太大的关系,如今懂得在小组或团队中共同合作完成任务;学生过去接受知识主要在课堂上听教师讲授,如今变为自觉使用各种现代互联网信息技术工具,参与学习目标与计划的制订,监控自身学习与问题解决的全过程。

高中思想政治微课设计最终要落脚于学生,学生是微课设计必须考虑的基础因素之一。高中思想政治微课设计融合文字、图片、视频等多种教学资源,以生动的形式将课堂教学中的重、难点完整呈现,这就要求学生具备灵活运用相关资源的能力,通过自主学习与合作学习的方式快速掌握与突破知识。学生学习观念与方法的转变,使学生的知识结构与能力水平得到很好的改善,各方面素质均得到综合提升,为高中思想政治微课设计提供了良好的主体基础。

(三)现代信息技术的发展为微课设计提供了手段

当今时代是信息化技术高度发展的时代,科学技术日新月异,特别是个人计算机、信息软件技术的进步,令越来越多的教师开始改变传统的教学方式,利用现代多媒体设备来进行学科教学。微课与高中思想政治课程的结合,是现代科学技术与高中思想政治课程的结合,顺应了时代发展的潮流。现代多媒体技术的发展为高中思想政治微课设计提供了手段,这主要体现在两个方面:在软件方面,随着我国互联网企业的蓬勃发展,越来越多专业化的微课与微视频制作软件被开发出来。教师可以根据实际的教学需要与自身的技术水平,选择适合自己的软件进行微课制作。其次,随着移动终端技术的发展,市场上产生了相当多的微课播放软件。微课播放软件的广泛应用,使得相当多的微课资源能够通过互联网进行传播与共享,从而教师能够借鉴他人微课的优点,不断推进自身微课设计的改善。在硬件方面,随着我国经济发展水平以及人民收入水平的不断提高,普通高中计算机、投影等多媒体设备的购置率已经相当高,且大部分教师家庭都拥有具备微课制作与播放功能的移动客户终端,如笔记本电脑、平板与智能手机等,使得教师每天都有可能利用相关移动设备来进行微课设计与制作。

总的来说,现代信息技术的发展给高中思想政治微课设计带来了广阔的发展空间,没有信息技术的高度发展,就没有高中思想政治微课设计的产生与推广。如今,无论在家庭还是在课堂,教师都能接触到进行微课设计的设备与环境,能使高中思想政治微课设计得到有效落实。但与此同时,在现代信息化技术高度发展的环境中,教师应该积极面对信息技术给我们带来的便利,切忌盲目利用,导致有效学习时间的浪费,且相关学校与机构应注意适时指导教师正确利用信息技术资源。

第三节　基于微课的高中思想政治课程创新教学设计存在的问题

目前,高中思想政治微课在实践教学过程中得到充分发展,也取得了一定的教学成效,但与此同时也存在诸多问题,使得高中思想政治微课的优势得不到充分发挥。其中,导致问题产生的关键在于设计环节,良好的微课设计是微课教学有效开展的保障,理应引起足够重视。因此,此调查旨在了解教师在设计高中思想政治微课时的基本情况,找到当前微课设计存在的问题,为改进高中思想政治微课设计提供方向或思路。

一、调查内容

调查作为数据搜集的系统化过程,在进行调查时必须明确具体的调查方法与实施步骤,保证调查过程的顺利实施。本调查主要采用问卷法与访谈法对来自不同地区、学校的高中思想政治教师进行调查。

(一)问卷法

依据现有的文献资源,结合有关高中思想政治微课设计的程序与要求,编制了针对教师的"高中思想政治课程微课设计现状调查问卷"。本问卷设计主要包括指导语、个人基本信息情况以及调查问题三部分,共20道问题,分别从三个维度进行设计:①设计态度,即教师对微课设计的整体看法与重视程度。②设计过程,即教师在微课设计过程的操作运用情况。③设计效果,即教师认为微课设计后能产生的教学效果。本问卷在编制维度上涵盖了微课设计过程的各个方面,同时吸取了部分中小学一线教师及有关专家的相关建议,确保本问卷真实有效。本调查问卷的调查方式是通过现场派发与网上调查两种方式,采用不记名的方式进行调查,且在作答过程对被试者进行必要的指导[①]。

(二)访谈法

在统计与分析问卷的基础上,为了保证对高中思想政治微课设计情况有更深入的了解,掌握某些教师对问题的真实看法与意见,还通过追踪访谈的方式对参与此次调查的部分教师进行了一对一的访谈。访谈提纲主体由访谈开场语与访谈对话两部分组成,访谈问题主要是针对问卷调查的三个维度进行设计,即设计态度、设计过程与设计效果,从而为问卷数据提供更加准确有效的参考。

二、当前微课设计存在的主要问题

通过对以上问卷统计数据与访谈记录进行分析,发现当前高中思想政

---

①王书鸣. 微课在高中思想政治课教学中的应用研究[D]. 信阳:信阳师范学院,2021:17-23.

治微课设计主要存在形式化严重、操作性不强与指向性发生偏差等问题。

（一）形式化严重

形式化严重是指部分高中思想政治课教师在进行微课设计时，脱离实际教学情况，教学目的性不强，只关注微课设计的外在表现，对其理解不够充分，没有深刻理解微课设计的实质，导致教学实效难以保证。

从调查中发现，现阶段高中思想政治微课设计形式化严重的表现之一，即为教师对微课设计整体重视不足。在设计主动性方面，被调查的教师绝大部分表示，自己是为了顺应新课程改革或学校的要求才进行微课设计的，设计的应付性较强，其中只有22位教师表示会非常主动地进行高中思想政治课微课设计，这部分教师约占总人数的7.41%，还有73%的教师表示不会主动进行微课设计（表示符合或非常符合的人数）。而在设计频率方面，表示一直与经常进行微课设计的教师共有47位，约占总人数的15.8%，很少与从不进行微课设计的教师共有186位，约占总人数的62.6%。另外，共有193位即约占总人数64.98%的教师基本认同微课设计过程就是设计微视频过程。以上表明，教师在高中思想政治微课设计过程中普遍存在重视程度不够、设计动机不足、对微课的认识较为浅薄的情况。同时，在对一部分教师进行访谈时了解到，许多教师虽然都认识到微课设计与传统多媒体教学设计存在差异，但在实际操作中仍然把主要关注点放在微视频制作上，对微课设计的实质理念了解较少，只是参照传统教学设计的模式进行微课设计，甚至有教师称是为迎合教学改革的创新要求才考虑进行微课设计。由此可以发现，教师整体对微课设计认识过于表面化、形式化。

形式化严重还表现为教师整体的微课设计水平不高，难以取得教学实效。调查中发现，虽然共有200位即约占总人数67.34%的教师，认为通过微课设计能对高中思想政治课程教学产生作用，仅有40位即约占总人数约13.46%的教师，认为微课设计对教学没有作用或完全没有作用，并且多数教师认为利用微课设计教学能使学生的学习兴趣提高。这说明，教师对高中思想政治微课设计产生的效果有一定的信心。但在设计水平方面，认为自身微课设计水平比较高及以上的教师仅有46位，约占总人数约15.5%,高达约占总人数71%的教师认为自身设计水平低或非常低。鉴于教师整体微课设计水平不高,在教学实效方面,调查发现,有184位约占总人数61.95%的教师认为微课设计对学生成绩提高效果一般,仅有67位即约占总人数22.56%的教师认为微课设计对学生成绩提高有明显及以上效果。这说明,很多教师的微课设计大多流于表面,没有能真正将微课融入到高中思想政治学科教学中,取得的教学效果并不明显。同时,在对部分教师进行访谈过程中发现,尽管多数教师认为加强微课设计能提高学生的学习自主性与优化学生的学习过程,但由于接受相关培训与指导机会较少等因素的影响,使得教师整体的微课设计水平并不高,从而学生的整体学习难以达到预期的教学效果。

（二）操作性不强

高中思想政治课存在操作性不强问题,即高中思想政治课教师在进行微课设计时过于粗疏,程序方法欠具体,没有细化与统一的标准。另外,即使是他人已经设计完成的微课,许多教师也不会按照一定的规范和要领进行教学,操作性明显有所欠缺,最终必然会影响到高中思想政治课微课设计的实施。这一问题主要体现在两个方面。

其一,微课设计过程模糊。在一项对教师能否清楚知道如何进行微课设计的问题调查中可以看到,有133位教师表示不清楚这个过程,还有42位教师则表示非常不清楚,两者总计约占总人数的59%,仅有28位约占总人数9.4%的教师清楚知道如何进行微课设计。同时,在调查中亦发现有157位教师约占总人数52.9%的教师不清楚如何获取优质的微课设计,且有5位约占总人数1.7%的教师表示非常不清楚。由此可以看出,相当一部分高中思想政治教师对微课设计过程认识模糊、一知半解。另外,在对这一部分教师进行跟踪访谈后发现,大多数教师表示微课设计对技术素养方面的要求较高,需要接受相应的培训才能保证微课设计的有效开展。加上市场上的微课制作软件非常多,教师普遍不懂如何选择合适的微课制作软件进行微课设计。总的来说,存在较多的高中思想政治教师既不知自身如何有效进行微课设计,同时亦对获取优质微课设计的渠道了解模糊。

其二,有效执行已成的微课设计程度较差。在一项"微课设计只是参考,大部分还是坚持传统教学习惯"的看法调查中显示,有171位约占总人数57.6%的教师表示基本符合,加上仅有38位约占总人数12.8%的教师认为非常符合。这从一定程度上表明,相当一部分教师难以切实执行预先设计好的微课,对既成的微课设计也缺乏良好的操作与应用能力。另外,有163位教师表示平时很少借鉴他人的微课设计,这部分占总人数的54.9%;仅有19位和21位教师会一直与经常借鉴他人微课设计进行教学,这部分共占总人数的13.5%。同时,在对借鉴他人微课设计的教师进行跟踪访谈后发现,即使借鉴他人微课设计,教师也会遇到不懂如何操作微课来进行教学的困难。综上所述,相当一部分高中思想政治教师在对微课进行设计时,既不懂独立操作制作微课,也不懂获取借鉴他人微课进行操作教学。

(三)指向性发生偏差

高中思想政治微课十分注重学生在课堂学习中的自主探究,认为学生是课堂讲授过程的主体,教师是协助学生进行知识建构的辅助者。但在调查中发现,微课设计存在指向性发生偏差的问题,即部分高中思想政治教师在设计微课教学过程中,把微课看作一种可有可无的教学手段,过度关注自身如何去教,忽略学生在微课学习过程中的主体作用,忽视学生的自主学习时间与空间。

从调查中发现,虽然目前相当多的高中思想政治教师并不认为微课设计能够脱离学生,学生只管配合即可。但在一项"微课设计应主要以考虑教师教学为中心"的数据调查可以看出,只有约占总人数8.8%和6.1%的教师认为"不符合"和"非常不符合",而有156位约占总人数52.5%的教师表示"基本符合"。这表明大部分教师虽然把学生作为微课设计的考虑因素之一,但是在设计过程中仍然以教师自身教学为主,学生还是处在被动的位置,其学习的自主性在设计中并未得到充分体现。后来,在对部分教师的访谈中也得知,很多教师在微课设计过程中还是主要考虑自身如何教学,学生的自主学习时间相当有限,自主性难以得到有效保障。

综上所述,当前高中思想政治微课设计在实际施行时比较突出地存在形式化严重、操作性不强、指向性发生偏差三个问题,而这三个问题并不是独立存在的,是会相互影响的。微课设计形式化严重与操作性不强,会导致指向性发生偏差问题的出现;操作性不强又会使得设计形式化严重;指向性发生偏差最终必然严重影响高中思想政治学科实际的教学效果,产生形式化过度的问题。因而,有必要找出相应的措施改进微课设计以解决以上问题。

第四节 基于微课的高中思想政治课程创新教学设计与运用

高中思想政治微课的产生与发展,给学生学习、教师素养与教学改革均带来了积极的影响。但当前存在的微课设计问题严重影响着高中思想政治微课的应用与实施。对此,如何科学地进行高中思想政治微课设计变得至关重要。

一、高中思想政治微课设计的基本要求

高中思想政治微课要在短时间内创设丰富的教学情境,呈现真实有效的教学内容,调动学生的学习主动性与积极性,实现预先设定的教学目标。因而,高中思想政治微课在设计环节必须坚持整体性、针对性、顺序性、精简性与实效性的基本要求。

(一)整体性

虽然高中思想政治微课具备教学时间短、内容简明扼要等"微"特征,但在现今教育背景下,高中思想政治学科内容的综合性不断增强,涉及社会生活的许多方面,且知识点之间具有显著的连贯性,这就要求高中思想政治微课设计要坚持整体性要求。整体性要求主要体现在两个方面:在内容上,即使高中思想政治微课是针对教材内容中的重点、难点、疑点进行分段设计与教学,但每一节微课之间并不是一个松散的分支,而是有内在的逻辑联系,是整体与部分相互依赖的关系。例如,在设

计"文化与生活"模块关于"我们的中华文化"这一系列的微课时,既要包含"源远流长的中华文化"内容,又要包含"博大精深的中华文化"内容。在教学形式上,高中思想政治微课不只是单一的微视频,而是一个包含"微教案""微课件""微练习"等一系列配套性资源的完整体系。对此,高中思想政治学科教师应在坚持整体性的要求下,对微课的内容与形式进行具体设计,充分发挥模块式系统教学的优势,形成一个高效的教学过程[①]。

(二)针对性

微课运用于高中思想政治课程的最终目的是优化课堂教学过程,提升学生的学科成绩水平。因而高中思想政治微课设计应以学生为中心,充分了解学生身心发展特点与学习的实际情况,使每一节微课都是为了解决学生存在的疑惑与问题,提高微课教学的主体针对性。另外,高中思想政治微课设计的针对性要求不仅仅表现为对学生主体的针对性,还表现为对高中思想政治微课教学内容的针对性。微视频是微课教学的主要载体,其时间通常只有短短的10分钟左右,要在短暂的时间内完成既定的高中思想政治课程教学任务,并不是一件简单的事情,必须"一针见血",有效准确地命中教学的重点与难点。由此可得,教师在进行高中思想政治微课设计的时候,应该综合细致地考虑各方面因素(学生的状况和教学重难点),提高微课的针对性,做到目标明确、主题突出、策略有效,真正解决学生在学习过程中遇到的问题。以高中思想政治课程《经济生活》第二课第二框"价值决定价格"为例,学生对本课中"社会必要劳动时间与商品价值量的关系"这一知识点存在较多的疑惑,因此,教师可以针对这一选题设计与制作相关微课。

(三)顺序性

高中思想政治课程贯彻整体构建、有序衔接、依次递进的思路,在统筹规划大中小学德育课程的框架中,定位高中阶段的教学内容,其内容具有顺序性的特点。同时,现代教育心理学表明,处在特定年龄阶段的高中生,生理和心理发育都不够完善,且身心发展遵循一定的顺序性,使

---

①曲烽,宋明瑶. 高中政治课教学中微课的应用策略[J]. 鞍山师范学院学报,2019,21(1):95-101.

得学生对高中思想政治课程知识点的理解是一个由初级到高级、由数量改变到本质结构改变的过程。对此,高中思想政治微课设计要坚持顺序性的要求,即遵循科学知识规律,注重知识之间的联系,切忌松散凌乱,不能一蹴而就;需要按部就班,由易到难,由简到繁,充分考虑不同年龄阶段学生的知识接受水平和身心发展规律。如《经济生活》中关于"生产与经济制度"的内容存在较多的教学重难点与疑惑点,学生难以一下子完全理解,则可以将其分解成《生产对消费的作用》《消费对生产的反作用》等一系列解决小问题的微课,引领学生一步步深入学习,不断向更高的知识与能力发展,直到解决最终的问题。

(四)精简性

高中思想政治微课教学时间短,教学内容难度较大,要想在短时间内完成既定的教学任务,微课设计必须满足精简性要求。精简性要求是体现在多方面的。首先,教学手段的设计要精练严密、逻辑性清晰、通俗易懂,切忌把多种教学手段机械地放在一起。因为每一种教学手段对学生心理上的要求是不一样的,有的需要高度集中的注意力,有的需要创新的思维能力等。如果包含太多的教学手段,学生的学习心理反而得不到很好的发挥,这样取得的效果反而适得其反。其次,微课内容的设计要精简,尽量选取小的知识点,切勿选取大的教学内容。这样更加符合学生的实际,易于被学生接受。因此,教师在进行高中思想政治微课设计的时候,应该充分考虑各方面的影响因素,提高教学手段与教学内容设计的精简性,有效利用学生的学习时间,避免浪费,做到真正突破学生面对的教学重点与难点。

(五)实效性

微课运用于高中思想政治课并不是为了盲目追求形式上的创新,而是为了突破传统课堂教学的限制,激发学生的学习兴趣,提高学生的自主学习能力与学习效率,从而使学生真正掌握预设的知识。因而,实效性是高中思想政治微课设计中必须坚持的基本要求之一,脱离这一要求,微课的使用就找不到目的与归宿,变得毫无意义。特别是作为教学方式的微课,教学评价是教学过程实施的最终环节,对教学过程具有导向与调节作用,因而必须充分考虑其教学效果实现程度。例如,可以考虑微课是否完整准确地呈现预设的知识内容,微课是否创设出真实丰富的时政情境,微课是否为学生提供必要的学习素材,微课是否提高学生的自主学习能力等。总的来说,我们在进行高中思想政治微课设计时,必须充分了解学生的真正需求,确定符合学生实际的教学目标,合理选取教学内容,激发学生的学习积极性,真正帮助学生解决学习过程中遇到的困难与问题。

二、高中思想政治微课设计的理念

高中思想政治微课设计存在形式化严重、操作性不强、指向性发生偏差三个问题,直接影响到高中思想政治微课教学效果的实现。究其原因,在于没有正确认识并处理好微课与高中思想政治课程之间的关系。要使它们之间能够相互协调,就要既保证教学体现高中思想政治课程的学科特点,又要尽最大可能发挥微课在其中的作用。要做到这一点关键在于使微课设计趋向结构化与模式化,教师懂得如何真正高效地操作微课,充分发挥学生在学习过程中的主体性作用,最终让高中思想政治课程教学获得良好的效果。建构主义是一种关于知识建构和学习形成的理论,是认知学习理论发展的新成果,有别于传统的学习理论和教学思想。建构主义学习观认为,学生并不是空着脑袋走进教室的,在日常生活中及以往学习中他们已经形成了自己的看法和解释,教师应引导学生在原有知识经验和能力的基础上生长出新的知识经验和能力,丰富调整自己的理解。同时,建构主义反对教师"一言堂"的教学方式,认为知识是在特定的社会背景下的一种假设,不是通过教师传授得到的,而是学生在一定的情境即社会文化背景下,借助其他人(包括教师和学习伙伴)的帮助,利用必要的学习资料,通过意义建构的方式而获得。另外,建构主义教学理论发展较为成熟,是完整系统的理论体系。由此可以看出,建构主义指导下的教育理念能够满足高中思想政治微课设计的需要,为有效解决当前存在的问题提供思路。

建构主义理论的产生与发展有其深厚的哲学与心理学背景,从意大利伟大的哲学家、语文学家、美学家和法学家维柯的"新科学"到德国作家、哲学家康德的"哥白尼式哲学革命",再到美国哲学家、教育家、心理学家杜威的经验自然主义,都在哲学层面对人的认识起源问题进行了批判反思,同时强调人在认识世界过程中的主体性作用。从皮亚杰的结构观与建构观,到苏联建国时期心理学家维果茨基的心理发展理论,再到布鲁纳的认知革命都在心理学层面关注个体认识发生的建构过程,特别是瑞士心理学家皮亚杰的发生认识论,更是建构主义领域最具影响力的理论来源。皮亚杰把认识论由哲学领域带到个体认识发生与发展的心理学领域。在他看来,智慧的本质从生物学来说是一种适应,生命是一种"由简单状态向复杂形态不断创造的过程,也就是有机体与环境间实现各种不同形态的、向前推进的平衡过程","一个主体的智慧正像有机体结构着它们的直接环境一样"。由此可以看出,知识是一种结构,由作为主体的人与周围环境进行相互作用产生的,没有主体的建构活动不会产生知识,自身认知结构也不会得到进一步的发展,强调主体与环境对知识形成的重要性。同时,皮亚杰还把知识结构看作同化与顺应之间动态平衡形成的结果,同化指学生获取相应知识是通过把感受到的刺激纳入自身原有的逻辑结构中形成的;顺应是学生原有的认知结构与思维模式不能适应新的刺激情境,进而有机体通过调节内部结构建立新的图式进行认识。在此基础上,美国儿童发展心理学家柯尔伯格、英国生理学家卡茨等人从不同的视角阐述与完善建构主义思想,并逐步深入教育教学领域,由此形成了建构主义的教学观与教学模式。

建构主义教学模式认为,教学应通过设计问题情境来指引学习和提升学习的积极性,帮助学生成为学习过程的主体,并通过高效利用情境、合作、交流等学习环境因素,协助学生完成对当前所学知识的意义建构。在这种模式中,学生是建构知识意义的主体,教师是意义建构的协助者与帮助者。在建构主义理论指导下已经建立了不同类型的教学活动基本结构或框架,目前较为典型与成熟的有三种教学模式,分别是抛锚式教学模式、支架式教学模式和随机进入式教学模式。高中思想政治微课可以运用以上教学模式作为设计理念。

（一）抛锚式微课设计理念

建构主义强调学生的知识建构并不是通过机械学习产生的，必须根植于对真实情境体验的基础上。学习者只有在真实的社会文化背景下，借助于社会性的交互作用，利用必要的、可行的学习资源，才能积极有效地建构知识，重组原有知识结构。所以，学生想要完成对知识的意义建构，不能仅仅依靠协助者（例如教师）提供有关经验的间接介绍与讲解，最为关键的是切实投身于与社会生活密切相关的真实环境中去体验并获取。"锚"本是日常生活中的一种工具，"抛锚"通常是船员为了防止船被风浪吹走，确保船只安全与固定位置而使用，引入教育学领域是指教师通过预先设定问题或情境来固定教学问题与内容。高中思想政治课程的抛锚式微课设计理念是指通过微课的教学方式，把学生带到与社会经济、政治、文化紧密联系的背景中去，要求学生在真实的社会情境中确定问题，并在自主学习与协作学习中亲身体验从认识目标到达到目标的全过程，切实创造接近现实的"实例式教学"或"基于问题教学"。如在讲授"公民政治参与"中有关民主选举的相关知识时，教师可以结合当地学校的选举情况进行微课情境创设。但这种模式相应地对教师提出了更高的要求，即教师需要具备较高的时事敏感度与善于发现生活素材的能力，精心设计情节或环节，使其作为固定教学内容的"锚"，且能够与知识技能的掌握融为一体，帮助学生有效掌握知识。

（二）支架式微课设计理念

建构主义者从维果茨基"最近发展区"思想出发，认为教学不应消极地适应学生智力发展的已有水平，而应当走在发展的前面，不停顿地把儿童的智力从一个水平引导到另一个新的更高的水平，进而培养学生的解决问题能力与自主学习能力。支架式教学模式专指教师通过为学生提供概念支架，让学生利用支架逐步攀升，发现和解决学习中的问题，成为独立的学习者。高中思想政治的支架式微课设计理念，是指教师从当前学生思想政治学习的实际水平出发，考虑学生的最近发展区域，借助微课把高中思想政治学科知识点系统化，并据此搭建概念支架帮助学生主动建构知识。其中概念支架的搭建可以借助教学大纲或教材目录等进行结构化知识点的梳理。例如,在进行《生活与哲学》模块微课设计时,可以借助微课帮助学生搭建由唯物论、认识论、联系观、发展观与矛盾观等哲学原理组成的概念支架,学生能够通过这一微课学习,了解并掌握本模块知识点的结构,加强知识间的联系,从而为其进一步自主建构具体的学习内容打下良好的基础。

（三）随机进入式微课设计理念

建构主义认为,由于事物的复杂性与问题的多面性,学生想要全面深刻地完成对知识的意义建构是很困难的。对此,学生需要从不同的角度对知识加以理解才能完成。随机进入式教学模式主张对同一内容,在不同时间、不同情境、基于不同目的、着眼不同方面、用不同方式多次加以呈现,以实现学生对同一对象的全方位、多方面的理解。通过这种教学模式,学习者能够对该知识内容有比较完整而深刻的掌握,不像传统教学模式一样,为求达到巩固知识的目的,不断机械地重复教学手段与措施,而是使学习者对事物或知识获得完整、透彻的理解。高中思想政治学科随机进入式微课设计理念,主张对同一思想政治内容,结合不同的时代特点、不同的社会背景,利用微课营造不同的问题情境进入学习,进而获得对同一事物或问题多方面的认知和理解,达到全面理解知识的目标。微课这一创新形式满足了随机进入教学模式中这一关键因素,能够实现学生随时随机进入学习的目标。

三、高中思想政治微课设计的类型

高中思想政治微课可运用建构主义教学模式作为其设计理念。据此,本文提出与之相对应的抛锚式教学微课设计、支架式教学微课设计、随机进入式教学微课设计三种设计类型。

（一）抛锚式教学微课设计

1.设计原则

（1）时效性原则

高中思想政治微课不是通过微视频展示的方式帮助学生进行机械记

忆,而是利用微课创设真实的社会情境,使学生以自己原有的知识经验为基础,通过把新知识纳入已有认知框架,或改变原有认知框架的方式完成意义建构。真实的社会情境并不是固定不变的,而是紧随着社会经济、政治、文化环境的变化而发生相应的改变,即所有的问题情境都应具有一定的时效性。因而,在高中思想政治的抛锚式教学微课设计过程中,应该充分发挥微课的优势,尽可能地创设具有明显时效性的情境,即根据当前高中思想政治学科教材的内容特点,紧跟时代发展,从近几年国内、国际领域经济、政治、外交、军事、民族和宗教等时政热点中选取事例。例如,在设计高中思想政治教材《投资理财的选择》微课讲授时,以改革开放40周年人民生活发生翻天覆地的变化作为切入点,随着社会主义市场经济的进一步深入发展,人们人均可支配收入增加,家庭收入总体呈上升趋势,人们可以如何增加自己的收入作为固定本节内容的"锚"。然后学生根据自身家庭的情况、所接触到的社会背景知识与书本知识进行自主探索学习。最后,要求学生在老师协作下完成知识建构。这有别于传统陈旧的情境创设,能够有效地避免学生兴趣不高、参与度不够等问题。

(2)开放性原则

抛锚式教学模式认为,知识的习得是一个建构内在心理表征的过程。学生并不是机械地把外界知识转移到记忆中,大脑也并非被动地学习和输入信息,而是以主体已有的经验为基础,从真实的社会情境中提取问题并逐渐形成对知识的建构。要保证每个学生都能在微课情境中提取出与本节高中思想政治课教学内容相关的知识性问题,考虑到不同个体的经验以及思维方式的差异,就要求在进行微课情境设计时坚持开放性原则。对此,高中思想政治学科抛锚式教学微课设计,要最大限度地考虑每个学生不同的知识经验与思维方式,依托微课承载信息量大与直观等显著特点,创设当今时代背景下较为宏观与开放性较强的问题情境。这样当"锚"抛出后,能引起大多数学生的情感共鸣,使每一个学生都有话说,而不是固定的没有变化的问题指向,充分尊重学生建构知识的自主性。例如,在设计有关"民主政治制度"内容的微课时,通过微视频展示在形势恶劣、冲突此起彼伏的动荡地区情境,来引导学生进行开放性思考,使其提出不同的思想政治观点,为进一步教学奠定基础。

（3）真实性原则

根据新课程理念的倡导,高中思想政治课微课教学应该要回归生活,强调要贴近学生的现实生活进行微课情境创设。长期以来,高中思想政治微课设计创设的情境脱离学生的生活世界,远离生活实际,导致学生学习兴趣不强,积极性难以充分调动,师生之间存在一种距离感。因此,高中思想政治学科抛锚式微课设计应该坚持真实性原则,即教师结合自己的教学经验,把高中思想政治微课融入学生的实际生活,与生活紧密贴合在一起,与学生的身心发展紧贴在一起,真正做到高中思想政治课程理念要求中的"教学内容生活化、教学方式生活化、拓展延伸生活化"等,切忌一味追求材料新颖、格局宏观。例如,在讲授《经济生活》中股票、基金等投资渠道知识的时候,微课选用并呈现期货、贵金属交易等投资方式的相关材料。虽然与本节课内容有所关联且紧扣时代发展,但是学生在生活中接触较少,理解起来较为复杂,难以有所共鸣,最终只会是花费大量时间却解释不清课堂核心知识,得不偿失。

2. 设计过程

基于抛锚式教学模式的高中思想政治微课设计过程包括创设情境、确定问题、探究学习与巩固评价四个环节。

（1）创设情境

情境创设是抛锚式教学微课设计的开端。为使学生的学习活动能在与现实生活类似或一致的情境中发生,教师需要利用微课创设与当前内容密切相关的时政情境。选择相关素材制作出来的微视频就是"锚",这一环节即是通过微课完成做锚过程。

（2）确定问题

在上一环节建立的时政情境基础上,教师根据教学内容和教学目标的具体要求,指引学生确定本节课所要学习的高中思想政治课程主题或核心内容,这一环节称作"抛锚"。

（3）探究学习

这一环节教师通过微视频为学生提供解决问题情境的相关线索，引导学生根据预先设定的"锚"进行自主学习与协作学习。如在自主学习过程中，教师可以指导学生如何分析材料、如何选择切入点进行思考等；在协作学习过程中，教师可以为学生提供协作学习的组织形式，优化整个协作过程。

（4）巩固评价

在学生探索并初步建立起自身知识体系的时候，教师根据该节课的教学目标，以微视频的形式对相关知识点进行总结。但在评价方面，与其他教学模式微课设计不同的一点是其十分注重学生在面临实际问题时的处理能力。因此，该模式微课设计的教学评价可以在实际教学过程中通过直接观察并记录的形式来实现。

（二）支架式教学微课设计

支架式教学微课设计主张教师利用微课进行概念支架的搭建，帮助学生建构知识体系。对此，教师在微课设计过程中应坚持系统性、图式性与先导性原则，系统设计教学环节。

1. 设计原则

（1）系统性原则

高中思想政治微课内容较多，知识点之间联系紧密、系统性强，对学生灵活运用知识的要求相对较高。传统高中思想政治微课设计只注重知识点的分解教学，导致学生虽然平时能对某一知识点有所了解，但一到综合应用时就效果不佳。究其原因，在于微课设计的知识体系搭建缺乏系统性。高中思想政治学科的支架式微课设计主张通过微课搭建支架的形式介入学生的学习过程，使学生在不同形式的支架路径指导下，结合自身实际情况进行学习，让学生的自主学习有章可循、按规律发展。但要避免知识点过度碎片化问题的出现，这就要求教师在支架的设计过程中要着重把握高中思想政治课程知识点之间的逻辑联系，注重支架设计的系统性。如在设计"生活与哲学"板块中关于唯物论知识的微课教学时,要通过物质观、意识观与规律观三者相互联系搭建系统的概念支架。

（2）图式性原则

高中思想政治微课讲授的知识点涵盖社会生活的方方面面,其中难免涉及很多专业性比较强的概念术语以及逻辑关系模式,这对于有着不同教育背景与学习背景的学生来说,对知识的理解或多或少会受到之前知识的影响。要保证学生高效进行知识建构,高中思想政治学科的支架式微课设计要坚持图式性原则。所谓图式,简单来说一般指人脑中已经形成的有关知识经验的网络以及认知思考的模式,它是一个有组织、可重复的行为模式或心理结构,是一种认知结构的单元,在认知过程中深刻地影响着相关信息的加工过程。对此,支架式微课设计应对学生的高中思想政治学科学习的知识背景进行了解与分析,把握学生关于思想政治学科学习的认知心理结构与思维模式,再根据图式设计搭建微课教学支架。如在讲授"经济生活"板块中关于企业如何经营的内容时,教师应该事先了解学生对货币与多变价格相关知识点的掌握与理解情况,并据此搭建微课教学支架。

（3）先导性原则

高中思想政治微课设计本质不在于训练与强化学生已经形成的知识能力,而在于激发目前尚未成熟的学习能力。因此,对学生思想政治学科知识点的教育,也就不应该仅仅停留在仅靠他们自身努力就能完成的学习过程中,而应该适当地超越当前学习的舒适圈,借助微课将学生往更高层次的教学去引导。要想成功做到这一点,高中思想政治学科的支架式微课设计就要坚持先导性原则,在准确把握学生已经具备的认知水平的基础上,通过微课搭建具有拔高性的思想政治概念支架,引导学生一步步接近发展目标,最终达到预期效果。如在设计高中思想政治课程《文化生活》中关于"传统文化的继承与发展"知识点讲授时,除了对正确对待传统文化、文化继承与发展的关系等知识点进行概念支架搭建外,还可以基于文化发展的相关知识点,搭建文化创新的支架指引学生进一步学习的方向。

2.设计过程

基于支架式教学模式的高中思想政治微课设计过程,包括搭脚手架、进入情境、探究学习与巩固评价四个环节。

(1)搭脚手架

这一环节是支架式微课设计的关键环节。教师需对学生思想政治学科知识学习现状进行分析,根据现今的学习要求与学生的最近发展区情况,利用微课制作系统化的概念支架,达到引导与教学的目的。

(2)进入情境

该环节要求教师在给学生搭建概念支架后,结合时政热点选择概念支架中的某一个知识点,创设能够激发学生学习兴趣的情境微视频,再通过教师的引导把学生带到特定的情境氛围之中。

(3)探究学习

此环节主要是在教师的指引下,学生利用微课概念支架与时政视频进行独立探索与协作探究。在学生进行独立探索之前,教师应对如何利用微课概念支架进行示范,并进行恰当的应用方法指导,从而帮助学生形成一个大概的思路。在独立探索与协作探究过程中,虽然教师逐渐减少对学生学习的干预与协助,但同时应适当借助微视频为学生搭建知识框架提供必要的指导与点拨。

(4)巩固评价

巩固总结部分与抛锚式教学设计大致相同。但在评价过程中,高中思想政治学科的支架式微课设计,调动学生参与到学习成果的评价当中,即通过学生个人的自我评价和小组评价的方式进行学习评估,评价的内容包括自主学习能力、小组协作参与度、知识意义建构完成度等。

四、高中思想政治微课设计的运用案例

(一)抛锚式教学微课设计运用案例

本节微课的设计内容是高中思想政治课程人教版教材"政治生活"第二单元第三课《我国政府是人民的政府》中的"政府职能"。

环节一:创设情境

该环节通过微视频呈现全国"两会"关注热点的新闻报道。视频内容主要关于近年来我国政府开展扫黑除恶行动,维护社会治安;减税降费,加大"让利"空间;深化医疗体制改革,保障人民健康水平;坚决打赢环境污染防治攻坚战,建设美丽中国;大力发展文化事业,促进文化大发展大繁荣。(时间长度为 3 分钟)

师:以上视频主要呈现了"两会"的一些关注热点,联系到《政治生活》,同学们从中感受到了什么?

生:我国政府在维护社会稳定、发展教育文化事业方面发挥着重要的作用。(其他学生进行自主思考)

师:的确,我国政府在社会建设与发展的过程中发挥着十分重要的作用,而这些作用都是要政府履行相关职能才能实现的。今天,我们就来共同学习《我国政府是人民的政府》中"政府职能"的相关知识。

设计意图:建构主义认为,学习者要想完成对所学知识的意义建构,必须在真实有感染力的情境中进行。创设真实的情境,不仅可以使学生把新知识技能与先前已有的知识技能建立联系,还可以使学生更好地体验教学内容中的情感,使得原来枯燥抽象的知识变得生动形象,从而使知识的掌握更加有效。本环节利用微视频创设具有实效性的"两会"情境,完成了"锚"的制作,让学生直观真实地感受到政府发挥的作用。这有利于吸引学生的课堂注意力,激发学生的学习兴趣,为下一环节教学奠定基础。

环节二:确定问题

师:上述讲到《政治生活》中的一个重要主体——政府,那么结合上述微视频中展示的热点,它们分别体现了我国政府的哪些职能?

师:第一,扫黑除恶行动,能够有效地打击违法犯罪活动,保障人民群众的生命财产安全,体现了政府的何种职能?

生:保障人民民主和维护国家长治久安的职能。

师:第二,减税降费,政府给人民群众"让利",提高了我们的实际生活水平,体现了政府的何种职能?

生:组织社会主义经济建设的职能。

师:第三,深化医疗卫生体制改革,使病有所医,体现了政府的何种职能?

生:加强社会建设的职能。

师:坚决打赢环境污染攻坚战,建设美丽中国,体现了政府的何种职能?

生:推进生态文明建设的职能。

师:大力发展文化事业,促进文化事业的繁荣,体现了政府的何种职能?

生:组织社会主义文化建设的职能。

师:除了以上提到的情境,社会生活中还有哪些情况是政府在行使这五项职能?

(快速播放回顾上述微视频,时间长度为1分钟)

设计意图:抛锚式教学提倡让学生面临一个需要立即解决的现实问题,进而让学生选出与当前学习主题相关的中心内容。教师结合具体微视频情境,指引学生明确问题。让学生进行思考与理解后,确定问题方向,完成"抛锚"过程。

环节三:探究学习

在这一环节中教师指导学生进行小组划分,利用微视频为学生解释"两会"热点的相关背景知识,同时参与学生小组合作并提供个性化指导。学生结合"两会"热点与教材进行自我探索、小组交流学习。

(教师播放保卫主权、市场监管、节约资源等微视频,时间长度为3分钟)

设计意图:建构主义主张,解决问题不是依靠教师直接把答案告诉学生,而是由教师为学生提供解决这一问题的相关线索。基于上一环节,教师已确定本节课要学生进行探究的主题或问题。本环节让学生在自主探索学习与小组协作学习中完成对知识的建构,有利于提高学生的分析能力、协作学习能力与自主学习能力等。另外,微视频的呈现为学生拓展知识点提供了素材。

环节四:巩固评价

师:刚才同学们经过自我探索与小组合作学习,相信对我国政府职能的了解已经比较清晰,那么接下来我们再梳理巩固一下相关知识(同时,教师结合参与各小组探究活动时观察到的情况评价相关学生表现)。

(呈现政府五大职能知识点梳理的微视频,时间长度为2分钟)

设计意图:巩固是帮助学生建构完整的知识体系必不可少的环节,也是在教学实践过程中取得良好教学效果的保证。另外,抛锚式教学认为,学生直接面对现实问题时作出的行为,是评价当前学习效果的最佳方式。通过微视频巩固相关知识,让学生懂得政府职能的内涵以及表现。评价学生实际解决问题的过程能够有效检测教学效果,为下节课提供参考。

(二)支架式教学微课设计运用案例

本节微课的设计内容是高中思想政治课程人教版教材《经济生活》第二单元第六课《投资理财的选择》。

环节一:搭脚手架

本环节通过微视频的形式呈现相关投资理财途径的简介。视频内容关于储蓄存款、股票、债券、保险等不同的投资理财途径,且每一投资理财途径均搭建包括概念、类别、收益与风险等方面的概念支架。(时间长度为2分钟)

师:随着近年来我们国家经济发展水平越来越高,人们的可支配收入也越来越多。除了日常消费以外,人们都会利用一部分收入进行投资,以获得更大的收益,那么今天我们就来共同学习《投资理财的选择》的相关知识。

学生通过概念支架对本节课的知识内容有一个大致了解,形成初步印象。

设计意图:建构主义认为,学习就是在教师的帮助下,消除所要解决的问题与原有能力水平之间的差异。借用建筑行业"脚手架"一词,就是为了给学生提供一个理解问题的概念支架,实现从一个水平提升到另一个更高水平,真正实现教学走在学生发展的前面。本环节根据教材的知识体系以及学生的最近发展区,为学生搭建由概念、类别、收益、风险组成的概念支架,为学生下一环节学习提供支撑。

环节二:进入情境

本环节通过微视频的形式呈现改革开放40周年,大部分家庭将可支配收入进行合理分配投资的情况。视频内容主要关于市民王先生把家庭收入的20%用于购买股票,30%用于储蓄存款,15%用于保险,剩下的为日常开销费用。(时间长度为2分钟)

师:市民王先生为什么选择投资?

生:获得收益。

师:那王先生为什么要把资金分散投资到不同的地方呢? 请同学们根据上述搭建的概念支架出发,说出自己的理由。

设计意图:支架式教学在为学生搭建完相关框架支撑后,需要学生从概念支架中的某一个节点进入概念建构学习,这样学生才能够找到知识建构的起点,为知识的系统性构建奠定基础。通过微视频为学生营造真实的情境,提高其课堂代入感。同时,为学生进一步运用概念支架提出问题导向,促成探究学习的开展。

环节三:探究学习

师:我们知道,人们投资的目的是为了获取最大化的收益,那么市民王先生分散投资的原因就是规避风险并获得最大收益。

师:那么,我们先来看看储蓄存款的概念是什么?

生:储蓄存款是指居民个人将属于其所有的人民币或者外币存入储蓄机构,储蓄机构开具凭证,个人凭借凭证可以收支存款的本金和利息,储蓄机构按照规定支付存款本金和利息的活动。

师:既然储蓄存款的概念已经明确,我们可以看到储蓄存款的收益来源于哪里,其收益如何?

生:收益主要来源于利息,收益一般来说相对较低。

师:储蓄存款的收益来源于利息,那么它的风险如何?

生:风险相对较低。

师:所以为什么王先生把最大份额投资放到储蓄存款,他的考虑是什么?

生:风险较低,收益比较稳定。

接下来,学生以教师的分析过程作为范本,借助概念支架,在自主探究与小组合作中考虑股票、保险、债券等投资方式。(教师在学生探究学习中,借助支架微视频,拓展相关背景知识,强化学生建构知识,时间长度为3分钟)

设计意图:支架式教学认为,要培养学生的自主学习能力,不是要让学生完全独立于教师进行学习。教师应该在教学过程中作出适时的提示,逐渐培养学生自主建构知识的能力,然后逐步减少引导,最后实现学生自主学习能力的提高。其次,小组协商与合作学习能够让学生在集体思维碰撞的情况下,达到对当前所学内容较为全面、正确的理解。通过教师利用微视频搭建的概念支架,为学生提供自主探究的模板,不断强化由概念、类别、收益、风险等组成的概念支架,从而使学生懂得如何正确运用支架进行自主学习与小组协作学习。

环节四:巩固评价

师:刚才同学们经过独立探索与协作探究已经初步完成对知识的理解。接下来,我们通过微视频把我们的概念支架进一步完善。

自我评价采用习题自测的方式进行检验,题目设置既有选择题又有主观题;小组评价采用小组交流的方式进行检验,要求学生讨论合作探究过程中的优点与不足。(完整呈现储蓄存款、股票、债券、保险等投资途径的知识体系微视频,时间长度为3分钟)

设计意图:巩固环节的意图与抛锚式教学微课设计一致。评价是检测教学效果的环节。要使评价更加科学,更有利于促进教学与学习的发展,在评价过程中应采取自我评价与小组评价的组合评价方式。通过微视频进行概念支架的完善,通过多种评价方式检测学习效果。

第六章　基于学科核心素养的高中思想政治课程教学设计研究

第一节　基于学科核心素养的高中思想政治课程教学设计存在的问题研究

一、存在的主要问题

对照新课标,从学科核心素养视角审视当今政治教学设计,部分高中思想政治教师的教学设计在教学目标的设计与叙写、议题的选择、情境的创设、评价设计方面存在误区。主要如下:

（一）教学设计中立德树人的素养目标还不突出

新课程标准指出,高中思想政治课程的实施必须把课程标准作为依据,把发展学生思想政治学科核心素养作为目标[①]。

1. 照搬《教师教学用书》或罗列知识点,学科核心素养被弱化

有些教师在进行教学设计时,对课时教学目标的设定缺乏思考,没有研究课程标准、分析学情,直接照抄照搬《教师教学用书》或某些现成的教师教案参考书上的教学目标。还有些教师将教学目标简单地写成可视知识清单。缺乏明确和准确的教学目标,必将导致课堂教学的盲目和随意,使教学活动成为一堆无序活动的简单连接和叠加,造成课堂教学内容的混乱和教学效果的低下,学科核心素养培育也成了空中楼阁。

2. 套用三维目标的条框,学科核心素养被僵化

有些思想政治教师在设计教学目标时,不能整体把握教学内容,惯于套用三维目标,把教学目标分为知识与能力、过程与方法、情感态度价值观三个目标加以表述。也有的教师套用旧课标中思想政治课程目标的

---

① 樊伟. 坚持深化教育改革创新[M]. 北京:中国人民大学出版社,2021:47-55.

分类框架,把课时教学目标分为知识目标、能力目标、情感态度与价值观目标三个目标加以表述。我们知道,学科核心素养是对原有三维目标的有机整合,以上两种教学目标的呈现方式,看起来层次分明、条理清晰,但是缺乏学科核心素养的整体引领,在叙写教学目标时机械地套用三维目标,割裂了三维目标之间的关系,难免会牵强附会,在教学实践中更是不易操作,而且会使教师在课堂教学中容易步入分割实施的误区,这是不恰当的。

3. 目标叙写模糊抽象,学科核心素养目标被虚化

一些思想政治教师不能细化学科核心素养目标,叙写的教学目标模糊抽象,不利于实施操作,也不便于评价落实。他们惯用一些模糊的动词和句式表述课时教学目标。一些教师经常采用"了解""理解""领会"等描述人们内部心理状态的动词,如"理解国家刺激消费与勤俭节约的关系"。还有些教师常常运用"培养……能力""提高……能力""树立……意识""培育……精神"等句式,如"培养学生的理论思维能力、深入分析经济问题的能力、参与经济生活的能力"。这些表述方式是非常模糊抽象的,教师无法确定在一堂课里学生的能力和情感态度价值观应达到什么样的水平,而且这么模糊抽象的课时教学目标也不是一节课所能完成的。教学目标的清晰表述有利于教学活动的有效实施。这类比较模糊抽象的动词,不仅不易观察,更是难于测量,进而导致课堂教学评价无据可依,学科核心素养培育很难落到实处。

(二)教学设计中以核心素养为主导的活动型课程并不明显

《普通高中思想政治课程标准(2017年版2020年修订)》提出"围绕议题,设计活动型学科课程"的教学建议,由此,高中思想政治教师在教学设计中要围绕思想政治学科核心素养,构思形式多样、内容丰富、生动传神的学生活动,力求实现"课程内容活动化"和"活动内容课程化"。但在一些思想政治教师的教学实践中,以核心素养为主导的活动型课程的建构并不明显。

1. 课堂活动单一,局限于"讲—练—考"

核心素养培育是目前教学改革的一个发展方向,政治认同、科学精

神、法治意识和公共参与都需要学生在课堂学习中积极参与、自主思考、交流质疑,因此创设情境、设疑导思应该是教学设计中的重头戏。但是,不少思想政治教师在日常教学中仍把"圈点勾画"作为教学的主要手段,用"默写+背诵"的方式将知识"点点落实",用"题海战术"来提高教学实效。为了提高课堂效率,他们会把时间安排得很紧凑,设定的教学环节主要有三步,即"讲—练—考"。第一步,教材知识点按部就班地解读,点出考点和难易程度;第二步,举一些与知识点相符的例子(如果时间紧这步会省略);第三步,做相应的练习题。这样的课堂,学生思考和表达的机会很少,即使思考,也是揣度教师期许的答案而努力迎合。实际上,这样的课堂与新课程倡导的理念背道而驰,学科核心素养培育目标不会落地。

2. 学生活动过多,"虚热无魂"

随着新课程改革的不断深化,高中思想政治课程教学设计在一定程度上改变了以往过于注重书本知识传授的局面,越来越重视学生能力和价值观的培养。自主学习和合作探究的教学方式已经被广大思想政治教师理解和接受,学生活动内容丰富、形式多样,例如课堂讨论、辩论、角色模拟等。然而,有些思想政治教师在学生活动的设计上"形式大于内容",往往"为了活动而活动",从而导致学生活动的泛化与僵化。课堂氛围表面上热闹非常,实际上却是"无章而动"和"无魂而动",学生只是感知了现象,却没有抓住本质,学生掌握了一定知识,却没有增进情感。这些教学活动表面热热闹闹,而缺乏一定的理论深度和实践温度,教学活动的"真度"和"深度"受限,活动型课程成为假把式,学科核心素养培育也成为纸上谈兵。

3. 有"问题"无"议题",且问题设计低质无效

问题是教师在教学活动中质疑、促进学生参与教学活动、了解学生的学习状态、启发学生思维的重要载体。同时,问题对于情境创设、课堂活动的顺利开展有着重要的牵引作用,有效的问题是培育政治学科核心素养的必要条件。部分政治教师在教学设计过程中对问题设计方面,不同程度地出现了低质无效的现象。主要表现在:缺乏中心线索的引领,有

"问题"没"议题",问题数量控制无度、问题质量不高、问题缺乏关联性,简单罗列,缺乏逻辑、梯度、层次,课堂教学条理不清。学生活动的展开流程杂乱无章,无法引领学生由浅入深地思考,无法系统地建构知识,能力提升和价值引领更是无从谈起。有时候,问题与知识、情境之间无法兼容,使学生的课堂活动与学科内容的关系犹如"水"与"油"一样,彼此隔绝,课堂上呈现前半段轰轰烈烈搞活动、后半段死气沉沉记知识的尴尬局面。

总之,学生活动单一或过多,缺乏议题的有效引领,问题设计低质无效,将无法实现生活逻辑与学科逻辑相融合、实践与理论相结合,这是与活动型学科课程的设计意图以及思想政治学科核心素养的培育目标背道而驰的。

(三)教学设计中聚焦学科核心素养的路径还不充分

《普通高中思想政治课程标准(2017年版2020年修订)》提出学科核心素养培育的一个重要路径是优化案例,采用情境创设的综合性教学形式。随着高中思想政治课程改革的不断发展,越来越多的高中思想政治教师已经认同情境教学,并将情境教学广泛运用在课堂教学中。但是在高中教学实践中,部分高中思想政治课堂教学情境的创设过程中出现了一定偏差,部分政治教师对情境创设存在散乱无序的现象,使聚焦学科核心素养培育的有效路径还不够充分。具体表现为三个方面:

1.情境创设失度

有些教师创设情境失度,一节课创设情境过多,盲目一味地"激趣",却忽视了"启智",使课堂教学低效。例如,某位教师在讲授《揭开货币的神秘面纱》这一课题时,先通过视频《中国历代货币》创设情境,介绍了中国货币的演进历程,接着用PPT展示多张文字材料,进一步介绍世界上一些地方使用贝壳、布帛、石币、狗牙币等作为一般等价物的小趣闻。然后进行学生角色扮演,模拟原始社会末期出现的物物交换的生活场景,体验物物交换的困难。学生参与的积极性确实很高,但是从播放视频到展示文字材料,再到角色扮演共花费了30分钟,一节课时间已经过去大半,却仍停留在导入新课与情境体验"货币的产生"阶段,最后教师为完成教学任务只好匆匆总结出一般等价物的特点、货币的产生以及货币的本质等相关概念,教学目标基本上没能达成。

2. 情境创设失真

在高中思想政治学科课堂教学实践中,有些教师为了所谓的贴近学生实际、贴近现实生活而随意"造境":他们有时将没有经过整理的新闻或自己的见闻,拿到课堂上即兴发挥使用;有时从学生身上找一些例子,临时编造一些故事或案例让学生讨论。由于教师课前缺乏准备,素材掌握不充分,所提出的问题也没有经过充分的考量,使教材上原本有着内在联系的知识,散落在无主题的事例或情境之中,学生感到茫然、无所适从,这反而增加了学生对知识的理解难度。同时,学生对教师随意设置的问题无法产生共鸣,最后的结果是学生不能对知识"真懂真信",更谈不上"真行",教师也往往自导自演,尴尬收场。

3. 情境创设失联

一些教师设计情境盲目堆砌,忽视了情境与教学内容、教学目标、学生实际的联系,弱化了问题意识和探究韵味,看似光鲜亮丽,实则效率不高。例如,某教师在讲授《我国的外交政策》这部分教学内容时,大量引用了最新、最热、最受关注的新闻事件与报纸摘要,例如中美贸易战、"一带一路"国际合作高峰论坛等内容。这位教师本打算通过这些最新最热的情境创设,加深学生对理论知识的理解、掌握和运用。但是,结果却事与愿违:课堂上一个接一个的情境闪亮登场,频繁交换,情境堆砌使教学停留在情境的展演上,学生陷入丰富的材料中,课堂教学虽然看上去内容丰富,实际上却是凌乱肤浅,学生学得累,老师教得苦,教学效率低下。

总之,散乱无序的情境无法提供学科核心素养培育的有效路径,不能很好地引导学生进行自主学习或者参与知识构建,也无法实现活动教学的高效有序开展,更无法实现价值引领、实践导航以及学科核心素养的培育。

(四)在教学设计中缺少科学的素养评价标准

高中新课程改革把发展高中生思想政治学科核心素养作为评价目标。然而,反思当下高中思想政治学科课堂教学设计,缺乏科学的素养评价标准。主要表现在四个方面：

1.评价内容偏重学生对知识的掌握度

很多高中思想政治教师往往比较重视学生对知识的掌握程度，注重知识目标的达成，忽视学生情感态度价值观的培养和发展。教学评价设计标准单一，即以能否考出成绩有利于升学为评价标准，忽略了对学生个性发展和核心素养的评价。在课堂教学评价设计与实施中，很多思想政治学科教师以教师完成知识目标的任务为价值追求，偏爱知识的有效传递，很少考虑学生的发展。关注点是这节课的教学任务完成了没有，教学一味追求进度，而舍弃了教学本质上应该追求的东西——学生学科核心素养的培育、学生的全面发展。

2.评价主体以教师为主

评价主体一元化，往往只有教师主体的评价，缺少学生对学生的评价、学生对教师的评价以及学校和家庭对于学生的多元评价。同时，课堂教学设计时也比较注重教师"讲"的技能技巧，忽视学生"学"的态度方式与体验。这种做法使教学活动成为一种"尬演"，即学生"配合教师在进行表演"，教师成了"演员"，学生成了"观众"。

3.评价形式缺少过程性评价和发展性评价

很多思想政治教师对学生的成长关注往往只以分数和考试成绩进行终结性评价，缺少对学生知识的体验过程和师生互动中提高能力的过程性评价，特别是缺少对学生人格和学科核心素养形成的发展性评价。这种评价方式极大地扼杀了学生的情感态度价值观的形成，课堂教学中生命性严重缺失，所培养的仅是学生机械的短时记忆，而非有意义的学习，学生产生厌倦与反感。

4.教学评价与教学过程脱节

在高中思想政治课程教学设计过程中，思想政治教师习惯于关注教的精致，忽视评的精准，缺少与目标匹配的教学评价设计，一定程度上存在着"教、学、评"分裂的现象。政治教师缺乏"落标"意识，教学评价脱离目标指向，在课堂教学的实际操作过程没有与教学目标相匹配的评价任务，教师并不知道所设定的教学目标与实际的教学过程是否相适应。只是"问心无愧"地讲过了，可是"到底多少学生学会了、学到什么程度"，这些问题只能是雾里看花、无可奈何。

二、原因分析

如上所述，一些高中思想政治课程教学设计存在教学设计中立德树人的素养目标还不突出、以核心素养为主导的活动型课程并不明显、聚焦学科核心素养的路径还不充分、科学的素养评价标准还未建立起来等诸多问题。其主要原因可以归结如下：

（一）缺乏对新课标素养目标的深度理解

对学科核心素养目标缺乏深度理解是部分教师在教学设计中立德树人的素养目标还不突出的主要原因。在教学目标的叙写上有些教师停留在三维教学目标的格式上，有些照搬《教师教学用书》，有些罗列知识点。出现这类问题的原因在于很多教师固守自己的原有经验，不能与时俱进更新自己的教学理念，精心研究新课程标准。他们对政治学科核心素养的内涵理解不深刻，对政治学科核心素养的地位与价值意义重视不够，对政治学科核心素养的实现路径也存在着诸多困惑。还有很多思想政治教师对于如何整合原有三维教学目标、细化政治学科核心素养目标的问题，感到不解与困惑。

没有掌握课堂教学目标叙写的语法结构，是教师叙写教学目标模糊抽象的重要原因。叙写课堂教学目标需要专业知识的支撑，需要教师掌握课堂教学目标叙写的语法结构。高中思想政治学科教学理论界对此没有统一的、明确的、有权威的指导性意见。

因此，如何整合三维目标、细化政治学科核心素养目标、研究教学目标的叙写格式，指引教师在叙写教学目标时具体明确，便于操作实施及评价，是当今贯彻学科核心素养培育和教师专业素养的重要难题和挑战。

（二）缺乏对围绕议题的活动型思想政治学科课程的实践把握

部分思想政治教师教学设计中以核心素养为主导的活动型课程并不明显的主要原因，是这些教师缺乏对围绕议题的活动型思想政治学科课程的实践把握。新课标提出的"培育思想政治学科核心素养为主导的活动型课程",是一种创新型学科课程。议题式教学是构建活动型思想政治学科课程的重要抓手,是当下高中思想政治学科教学改革的一种创新方式。围绕议题设计活动型思想政治课,在高中思想政治课程教学实践中如何操作,目前并没有具体的理论指导,也没有典型的先例参考,广大思想政治教师缺乏理论储备,认识不足。一些思想政治教师在教学设计中感到困惑与不适。有些思想政治教师固守传统,满足现状,懒于学习,不愿尝试,对于培育学生核心素养和构建活动型学科课程抱有"局外人"或者"旁观者"的心态,固守"讲—练—背"的教学模式。

也有些教师对活动型教学的内涵理解存在偏差,对议题式教学操作路径把握不当,不能围绕中心议题,设计结构化、系列化、递进式的组合式问题,造成若干问题散乱无序,课堂活动在躁动中推进,看似热热闹闹,却没有留给学生自主学习思考的空间和时间,使学生陷入"虚假学习""游离学习"的不良状态。这种现象的症结在于这些教师没做好顶层设计,缺乏学科内容中心任务的提炼,没有设计好中心议题,同时忽视了问题与问题之间的纵向关联,也没处理好问题与教学目标之间、问题与情境之间、问题与教材知识之间的横向关联,问题呈现杂而无章,致使活动教学"外强中干"、"外热内虚"。

因此,高中思想政治教师在进行教学设计时应采取议题式教学法,坚持系统优化的方法,做好顶层设计,精选中心议题,在中心议题的统领下,设计结构化、系列化、递进式的组合问题,进而明确活动任务指向,将知识建构与学生活动密切融合,点燃主动参与学习的激情,激发热爱祖国的热情,放飞蕴含核心素养的才情,塑造敢于担当的豪情,促进核心素养的"硬核"落地。

(三)缺乏对情境的结构化处理

教学设计中聚焦学科核心素养的路径还不充分的主要原因,是缺乏对情境的结构化处理。他们对情境素材处理方式简单粗暴,大都以呈现式为主,缺乏结构化处理,教学情境与教学目标、教材内容、议题或者问题设置相脱节,往往导致教学肤浅化,不能为学生深度学习提供较好的思维空间，浪费了宝贵的课堂时间。情境在活动教学中发挥着重要的作用，不仅仅是传统意义上的导课等功能，它更多的是为学生提供课堂学习环境，为学生知识建构、素养培育提供基础和支架，为学生提供由知识世界向生活世界的通道。

情境不在多，而在于要充分挖掘一个主题情境所负载的教学内涵，尽可能多角度全方位地发挥其应有的功效。思想政治教师必须聚焦学科核心素养对情境素材进行结构化处理，立足学生实际，结合教学内容，精心选取能承载本节教材知识的主题，确立中心线索，再围绕这个中心线索对情境素材进行筛选，去粗取精，去伪存真。要把握教学情境与教学目标、教学内容的内在逻辑关联，优化情境与问题，围绕主题线索对情境和问题进行结构优化处理，推动学生参与、互动和展现，实现情境与问题的统一、问题与知识的统一、知识与素养的统一。

（四）教学设计中科学的素养评价标准落实不到位

教学设计中缺乏科学的素养评价标准的主要原因，是在教学设计中科学的素养评价标准还没有建立起来。目前，受传统教育的影响，思想政治学科教学评价偏爱分数和考试成绩的终结性评价，缺少过程性评价和发展性评价。考试的形式是高中思想政治学科教学运用最广泛的教学评价。这种教学评价能够比较直观地反映教学效果和学生掌握知识的情况。但是这种教学评价设计标准单一，即以能否考出成绩有利于升学为评价标准，忽略了对学生个性发展和核心素养的评价。只是单纯地针对成绩的评价，重结果而不注重过程，即使一些教师认真进行过程性教学评价，但是却不一定得到学校领导的认同。有些评价活动设计有很多不完善的地方，过于单一，缺少对学生核心素养的过程性评价、发展性评价、综合性评价。

高中思想政治学科教学评价是高中思想政治学科教学设计的重要组成部分，也是思想政治学科课堂活动不可缺少的环节。科学有效的课堂评价，是学科核心素养培育的理念转化为教学行为的引领和保证。高中新课程改革把发展高中生思想政治学科核心素养作为评价目标，新时代思想政治学科教学评价的设计，必须基于学科核心素养的培育，转变教学评价理念,对传统教学评价进行辩证否定、批判继承和创新发展,防止评价内容片面化、评价主体和评价方法单一化的错误倾向,坚持教、学、评一致性,通过有效的方法衡量和评价学生的思想政治学科核心素养的发展状况。

第二节 基于学科核心素养的高中思想政治课程教学设计实践探索

一、高中思想政治课程学科核心素养教学设计基本原则

基于学科核心素养的高中思想政治课程教学设计应该坚持"四项基本原则":坚持信仰和导向相渗透的原则,设计有价值态度的政治课;坚持理论和实践相统一的原则,设计有实践温度的政治课;坚持德育和智育相结合的原则,设计有学习深度的政治课;坚持动机和效果相一致的原则,设计有操作效度的政治课①。

(一)信仰和导向相渗透的原则

信仰是人的一种精神活动,也是人生的重要力量源泉,对人的行为具有重要的导向作用。习近平总书记2019年3月18日在全国思想政治理论课教师座谈会上强调,思想政治课是落实立德树人根本任务的关键课程。青少年阶段是人生的"拔节孕穗期",最需要精心引导和栽培。新时代的思想政治课,要理直气壮地讲"信仰",必须要用新时代中国特色社会主义思想铸魂育人,释放正能量,筑牢学生理想信念之基,厚植爱国主义情怀,引领学生树立共产主义远大理想和中国特色社会主义共同理想,坚定中国特色社会主义道路自信、理论自信、制度自信、文化自信。高中思想政治课程教学要唤醒学生的灵魂,播下信仰的种子,实现立德树人的软着陆。追求有信仰的思想政治课堂,让思想政治课堂成为塑造学生灵魂的摆渡船,是所有思想政治教师肩负的时代使命与责任。因此,坚持信仰和导向相渗透的原则,注重价值引领,是基于学科核心素养

---

① 冯立波. 中国企业精神的哲学自觉[D]. 长春:东北师范大学,2021:55-60.

的高中思想政治学科课堂教学设计的核心理念和根本价值追求。

坚持信仰和导向相渗透的原则,注重价值引领,设计有价值态度的高中思想政治课程。高中思想政治教师要切实更新教育教学理念,克服高中思想政治学科课堂教学中的功利、肤浅、机械等弊端;坚定政治信仰,回归现实生活,改变教学方式,运用生活化的教学策略,依托情境载体,从学生的生活案例和生活实际实践出发,引导学生认同中国特色社会主义道路和制度,澄清信仰的疑点,打通信仰的堵点,治愈信仰的痛点;思想政治教师应积极探索丰富多样的价值辨析和实践导行活动的内容形式,在进行教学设计中要自觉地将价值元素渗透在教学环节中,努力做到文以载道、润物无声;教学目标设计要凸显价值引领,情境创设要重视价值引领,知识建构要留意价值引领,教学方式方法要契合价值观。

(二)理论和实践相统一的原则

中国人民教育家陶行知先生说过:"教育要通过生活才能发出力量而成为真正的教育。"任何人都是在生活中获得体验,并在此基础上不断成长,理解他人与世界的。学生的生活世界及学生对生活世界的体验应该成为高中思想政治学科课堂教学设计的源泉与基础。高中思想政治新课标明确提出,高中思想政治课程力求构建学科逻辑与实践逻辑、理论知识与生活关切相结合的活动型学科课程,着眼于学生的真实生活和长远发展,使理论观点与生活经验有机结合,让学生在社会实践活动的历练中、在自主辨析的思考中感悟真理的力量,自觉践行社会主义核心价值观。因此,坚持理论和实践相统一的原则,注重知行合一,是基于学科核心素养的高中思想政治学科课堂教学设计的重要方法论。

坚持理论和实践相统一的原则,知行合一,设计有实践温度的高中思想政治课。高中思想政治学科教学设计中要克服照本宣科的错误倾向,将学科逻辑的演绎过程,与学生亲力亲为的思维和操作活动融合在一起。坚持从实际出发,以实际生活为突破口,联系学生的生活经历或学生关注的社会问题,从生活中来,到生活中去,打通生活世界与理论世界的隔阂。一方面,要选取真实的素材创设真实情境,或者走出校园,开展符合切实可行的社会实践活动;另一方面,要设计有效问题引导学生用所学思想政治理论知识观察社会,理论联系实际解决现实生活中的困惑与问题。教学目标的确立、情境素材的选择、问题的设计要反映学生的生活背景和社会现实,让学生把自己摆进去、把现实摆进去,知行合一、学以致用,让思想政治课堂充满生活味道,流淌时代政治、经济、文化的源头活水,指导学生用所学知识去观照、解读现实。

(三)德育和智育相结合的原则

学科教学目标经历了三个阶段,从"基础知识、基本能力"的"双基"目标到"知识、能力、情感态度价值观"的三维目标,再到如今的学科核心素养目标。学科核心素养目标是对原有三维目标的丰富和发展,是对知识、能力和情感态度价值观目标的整合。高中思想政治学科核心素养具有区别其他高中学科的特质,从横向角度看,它包括政治认同、科学精神、法治意识、公共参与四个方面;从纵向角度看,每个方面素养的培育都应包括知识、能力、情感态度价值观三维目标的实现。也就是说,每个素养都是融知识、能力、情感态度价值观为一体的。知识是基础,能力是素养的载体和具体表现,能力内化为素养,需要正确的价值引领、积极的态度护航和正向的情感保驾。学科核心素养教学要以学科知识为起点,在学习过程中培养能力、形成情感态度价值观,最终达成素养目标。因此,坚持德育和智育相结合的原则,坚持素养至上,实现知识建构、能力发展、价值引领三位一体是基于学科核心素养的高中思想政治学科课堂教学设计的重要教学目标性原则。

坚持德育和智育相结合的原则,知识建构、能力发展、价值引领三位一体,设计有学习深度的思想政治课。思想政治教师在进行教学设计时,要抓住知识的本质,创设合适的教学情境,巧设优质高效的设问,开展学科活动,启发学生思考,感悟知识的本质,积累思维和实践的经验,对学科知识进行加工、消化、吸收,以及在此基础上内化、转化和升华,让学生在掌握知识技能的同时,培养关键能力,树立正确的三观,发展学科核心素养。在具体操作中要把握三个方面:基于学科核心素养的教学情境整合三维教学目标,整体设计学科核心素养教学目标,不再单列知识目标、能力目标、情感态度价值观目标;基于真实情境进行议题式教学,把知识运用于解决实际问题,在解决问题中形成关键能力和学科素养;基于高阶思维进行思辨教学,通过高阶思维导向的问题设计,引领学生经历分析、综合、评价、创新、批判性等高阶思维能力的发展,促进深度学习。

(四)动机和效果相一致的原则

大道至简,教学的最高境界是简约而不简单。陶行知先生曾说:"凡做一事,要用最简单、最省力、最省钱、最省时的法子,去收获最大的效果。"然而,当前一些教师把课堂教学安排得满满当当,色彩鲜艳的音频和视频展示、趣味时尚的情境设计、花样繁多的教学环节应有尽有。实际上,教师疲于"赶场",对应该深入探究的教学内容浅尝辄止,学生疲于"应对",对重点教学内容走马观花,最终课堂教学事倍功半、效率低下。教学设计要删繁就简,追求精练骨感的丰满、接地气的精准、去粗取精的细致、返璞归真的朴素,让学生在有限的时空,清晰明白、轻松愉悦地主动接受学科知识和思想引领,获得适应未来社会发展需要的正确价值观念、必备品格和关键能力。因此,坚持动机和效果相一致的原则,力求简约高质是基于学科核心素养的高中思想政治学科课堂教学设计的另一重要的方法论。

坚持动机和效果相一致的原则,简约高质,设计有操作效度的思想政治课。思想政治课教师应根据课程标准和学生认知水平,褪去华丽与浮夸,对冗杂的课堂教学进行洗涤,高度整合知识,设计深入的对话交流,用较少的投入让学生学得轻松、快乐,在明明白白的课堂中热情洋溢地合作争辩、津津有味地汲取思想、潜移默化地提升素养,实现课堂教学的优质高效。具体说来,在政治课教学设计中应做到:教学目标简明科学,遵循教学规律和学生认知规律,确立简明、合理、准确的教学目标;教学内容简洁优化,梳理、重构和整合教材,优选教学内容,抓住主题,坚持主线,化繁为简,化简为精;教学过程简朴扎实,突出中心,设置简朴有序、条理清晰的教学环节,整个教学过程扎实推进;教学方法简便恰当,采用恰当的教学方法,选择合适的教学设备,使用简便的教学策略,引导学生深入地质疑思考,合作探究。

二、精研课程标准,细化立德树人培育目标

教学目标引领教师的教和学生的学,是教与学目标的统一体。它具有导学、导教和导评三种功能,在教学活动中发挥着重要的目标导向和价值引领的作用。教学目标需要落实课程目标,是课程目标的具体化和操作化。因此,高中思想政治教师在进行教学设计时,应精研课程标准,科学解读高中思想政治学科核心素养,全面考量学情,统筹教学内容,整体定位,细化素养目标,最终采用行为化方式将教学目标叙写出来。

(一)精研课程标准,明确素养目标

高中思想政治课程标准是设计教学目标的政策依据。《普通高中思想政治课程标准(2017年版2020年修订)》对高中思想政治课程目标作出了新的阐释,即"通过思想政治课程学习,学生能够具有思想政治学科核心素养",并且对思想政治学科核心素养的四个方面进一步作出了详细的阐释。新课标明确提出:具体教学目标的制定与评价方式的选择,应该聚焦学生思想政治学科核心素养的发展,整合知识与技能、过程与方法、情感态度价值观。同时,新课程标准还制定了思想政治学科核心素养水平划分与学业质量水平划分标准。因此,思想政治教师设计教学目标时,必须要关注和适应这些新变化和新要求,进行教学目标设计时,坚持以学科核心素养培育为价值导向,参照思想政治学科核心素养水平划分与学业质量水平划分,对课程标准中的"内容要求与教学提示"进行具体化分解。如在确定《中国共产党执政:历史的必然和人民的选择》框题教学目标时,把坚定中国特色社会主义政党制度自信作为依据,关注学生对中国特色社会主义道路、理论、制度的认可和赞同,落实"政治认同"这一学科核心素养。我们可以确定如下教学目标:引述中华人民共和国宪法序言或查阅中国共产党党章,明确中国共产党的性质、宗旨;阐明中国共产党的领导和执政是历史的必然和人民的选择;增强中国特色社会主义(政党)制度自信。

特别要注意的地方是,新课程标准提出了思想政治学科核心素养水平划分与学业质量水平划分标准。思想政治课程学业质量标准水平划分是高中学生学习必修课程和选修课程后,学科核心素养发展水平的描

述。思想政治学科核心素养水平和学业质量水平都分为四级,学业质量水平标准是以本学科核心素养及其表现水平为主要维度。"学业质量水平二"是高中毕业生合格性考试的要求,"学业质量水平三"是高中毕业生等级性考试的命题依据,也就是高考的要求。因此,思想政治教师在进行教学目标设计时,必须参照思想政治学科核心素养水平划分与学业质量水平划分标准,根据不同层次的学生制定不同层次的教学目标,从较低层次目标要求逐步过渡到较高层次目标的要求。例如,以上"中国共产党执政是历史的必然和人民的选择"的教学目标设计,可以适用高一学生。如果是高三学生,应该结合"学科核心素养水平和学业质量水平三"对教学目标进一步调整。可以调整为:直面各种质疑、非议或诋毁,澄清基本事实,阐明党的宗旨,论证中国共产党是中国革命、建设和改革的领导核心;阐明党的执政理念和全面从严治党的意志,阐述中国共产党永远保持先进性和纯洁性的意义。

(二)整体设计,细化素养目标

思想政治学科核心素养是思想政治学科课程育人价值的集中体现,政治认同、科学精神、法治意识和公共参与这四个学科核心要素是一个内容上相互交融、逻辑上相互依存的有机整体,是对知识、能力和情感态度价值观目标的有机整合。因此,教学目标的设计必须聚焦学科核心素养,整体定位,将传统三维目标更好地整合到学科核心素养的框架中。整合后的教学目标可以按照"知识点—能力项—水平级"的思路细化地表述出来。具体说来:掌握思想政治学科基础知识,形成基本技能,在体验和感悟知识产生的过程中掌握学科思维方法,树立正确的情感态度价值观,发展思想政治学科核心素养,达到相应的学科核心素养等级水平的要求。

教学目标整体设计的具体操作过程要坚持系统优化的方法,用综合的思维方式。政治教师要将教学总目标细化分解成一个个局部的教学子目标,而且在确定教学总目标与子目标的过程中需要研究教材内容,依据具体文本,选择教学策略,思量教学目标,统筹兼顾处理好教学内容、学习方式和学生实际三者的关系。还要反过来用教学目标来考量教学策略是否合理,做到教学内容(文本)、教学策略和教学目标三者紧密结合,形成统一整体。下面以现行人教版教材中的"新时代的劳动者"的教学目标设计为例,具体阐述教学目标整体设计的具体步骤。

第一,研究教材,整理出知识内容。研究教材,整理出知识内容是解决"教材里有什么"也就是"学什么"和"教什么"的问题。通过对"新时代的劳动者"这部分教材文本的分析,笔者整理出四个知识内容:劳动的意义、重视就业的原因、解决就业问题的措施和依法维护劳动者权益,本课教学活动将围绕这四个方面知识内容展开。

第二,研究教材内容后,要思考采用什么教学策略。采用什么教学策略是解决"怎样学"和"怎样教"的问题,并依据教学经验初步评估与反观教学活动的目标和价值。在这个环节中,作为新时代政治教师,我们必须走向学生,关注学生"怎样学",想办法提高学生参与的积极性、主动性、创造性,实现学生学习方式的转变,释放思想政治课堂应有的生命活力。因此,针对"新时代的劳动者"四个方面知识内容,以"劳动美、就业梦和维权路"为线索创设情境。

第三,确立教学目标。根据高中思想政治学科核心素养,结合以上目标形成的两个阶段,我们可以最终确定"新时代的劳动者"的教学目标:通过体验践行,知道劳动的含义和意义,感受生活中的劳动美;在收集就业相关资料的过程中,体会我国就业形势的严峻以及解决就业问题的意义;在模拟情境探究中,归纳我国解决就业问题的具体措施,并初步阐述职业生涯规划的基本原则和方法;在自主探究与展示评价过程中,能够结合实例进行多角度思考,依法理性分析劳动者如何维权,逐步树立权利意识和法治意识。

(三)用行为化方式叙写

叙写教学目标,应采用行为化方式。行为化是指对有关教学目标的操作提出行为要求和指导,以行为的实施与否作为衡量标准。行为化方式叙写教学目标有四个要素:行为主体、行为动词、行为条件和表现程度。行为主体应该是学生而不是教师,这一点在实践中经常被省略;行为动词应具体明确、可理解、可评估(操作),不能用诸如"培养、提高、掌握、灵活运用"等笼统、模糊的术语;行为条件是指影响学生产生学习结果的特定的限制或范围,可以是设置的教学情境,也可以是具体的教学活动或实践活动;表现程度通常是指学生通过一段时间的学习后所产生的行为变化,它的表现水准或学习水平,用以评价学习表现或学习结果所达到的程度,可以参照新课程标准中思想政治学科核心素养水平划分与学业质量水平划分标准。

三、选取中心议题,开展以素养为中心的活动型课程

《普通高中思想政治课程标准(2017年版2020年修订)》提出要"围绕议题,设计活动型学科课程",议题式教学也就成为一种培育思想政治学科核心素养、适应活动型政治课的重要教学方式。议题式教学是以议题贯穿于教学全过程,在"议"中培育学生学科核心素养,最显著的特征是"议中学,学中议"。如何围绕议题开展活动型思想政治课堂教学,是当前高中思想政治教师最疑惑的问题。结合专家学者的理论研究和教学实践,对于如何进行议题式教学设计提出四点实战攻略。

(一)围绕中心任务确立议题

议题是议题式教学最重要的组成要素,是课堂教学预设的起点和指引。"议题"一词在《现代汉语词典》中解释为"会议讨论的题目"。2017年版2020年修订的《普通高中思想政治课程标准》中所指出的议题具有广义的性质,可把它界定为"待议之题"。议题既包含学科课程的具体内容,又展示价值判断的基本观点;既具有开放性、引领性,又体现教学重点、针对学习难点。

如何确定议题?对新课程标准列举的议题进行归纳分析,不难发现,议题实质上是一个具有统领性的中心任务,是教学内容在现实生活中的具体运用。确定议题,其实质就是要提出有思考价值或实践价值的中心任务,通过这个中心任务建立起学科知识与社会现实生活的联系。以"市场配置资源"为例,在校级公开课中,结合学校实际确定了这样的议题"我校即将举办学生跳蚤集市,我班应如何参加这一盛事"。这种来自现实生活的议题,将学习过程融入一个目的明确又富有现实意义的中心

任务中。议题展开的过程就成为了学习知识的过程,成为一个思考、分析、解决现实问题的过程。"柔化知识—活化知识—羽化知识"层层递进,学生的知识建构、能力发展、价值引领自然发生、水到渠成。

(二)围绕议题设计子任务

中心任务具有较强的涵盖性与复杂性,一般情况下学生是无法直接解决中心任务的。因此,确立议题之后,思想政治教师应细化中心任务(议题),围绕中心议题(任务)设计若干子议题,建立起子议题的纵向关联与横向关联。子议题的纵向关联是指在纵向上建立子议题与子议题之间的实践逻辑关联,子议题的横向关联是指在横向上建立子议题与知识之间的关联,并实现横纵关联的有机统一,最终实现整个议题教学活动设计的结构化和系统化。

在"市场配置资源"教学中,围绕"我校即将举办学生跳蚤集市,我班应如何参加这一盛事"中心任务,教师设计如下子议题:①请设计我们班的经营项目,并说出理由。如果我们班的经营项目和别的班雷同,我们该怎么办?②我们班应如何在竞争中盈利呢?请为我们班出一些营销点子。③同学们不认同缺斤少两、以次充好等经营手段,可是现实市场中的类似情况却时有发生,应该怎样解决?子任务的设计不是随意的,子任务要指向某一具体的教学内容,实现知识的结构化与系统化。教学设计中,议题1指向知识点"市场配置资源的方式及优点";议题2指向知识点"市场调节的弊端及后果";议题3指向知识点"市场秩序的规范"。在议题式教学设计过程中,思想政治教师要对学科内容进行结构化与系统化的处理。上述议题式设计实现了对教材内容的重组,内在逻辑清晰明了。学生完成系列子任务的过程就是一个建构"市场配置资源"知识体系的过程,课堂教学随着子任务的探究活动层层展开,从而使学科内容生活化、生动化、结构化。

(三)根据子任务选择活动形式

活动型思想政治课以活动为根本特征,因此,在形成系统化、结构化的子任务时,思想政治教师需要设计子任务的活动方式。

活动型思想政治课中的"活动"内涵丰富、形式多样。它既包括思辨性、认知性活动,也包括体验性、社会实践性活动。我们在整合学习内容与设计活动时,不仅设计思辨性、认知性活动,还要更多思考学习内容如何与体验性、社会实践性活动相融合,努力设计包括社会活动在内的活动建构方式。思想政治课上的活动多种多样,一节课不可能也没有必要进行上述全部各种活动,根据教学的实际需要选择其中的某一种或某几种即可。活动也不一定很大,但要易于操作、利于教学。课堂教学中,如何将认知性活动与体验性、实践性活动有机融合,是每位思想政治教师在进行活动型学科课程教学设计中必须探索的课题。

我们在整合教材内容后,根据课堂教学需要可以采用课前的社会调查、社会访谈,课堂上的活动方案设计、模拟法庭、模拟政协、小实验等具体形式。例如,教学"市场配置资源"时,可以让学生设计参加校园跳蚤集市活动方案的体验性活动;教学"劳动和就业"时,可以设计模拟招聘会,加深学生对就业结构性失衡和就业形势严峻的认识,感悟"找到一份适合自己的工作"的重要性,进一步树立正确的就业观;教学"价值与价值观"时,可以设计一个辩论赛。

(四)活动形式以核心素养培养为导向

活动型思想政治课以促进学生思想政治学科核心素养发展为目标。思想政治活动型学科课程的设计要以学科核心素养培育为导向,以学生为中心,突出学生的参与性和实践性,鼓励学生由"要我参与"向"我要参与"转变。学生在学中做、在做中学,在知行合一的活动中完成对知识内容的深度理解和内化,形成正确的价值判断和行为选择,养成思想政治学科核心素养。高中思想政治学科教学活动的设计,务必要重视实践育人的重要作用,积极探索适合高中学生实际的社会实践活动。

在《政府的责任:对人民负责》的教学设计中,摒弃照本宣科、枯燥乏味的知识梳理型或讲练结合型的课堂教学模式,组织学生开展社会实践活动,调研"民心工程"。主要设计四个环节:"温故知新"——在调研"民心工程"的活动中体验旧知识"政府职能";"我拍我说'民心工程'"——在自己的生活中感悟,与观察政府的工作原则对人民负责;"建设美丽环境，坚持对人民负责"——在政府的工作纪实中来分析和理解对人民负责的具体要求以及对政府工作原则作出客观的评价；"何以解忧，一位老人的烦心事"——学以致用，解决现实难题，点拨求助或投诉的途径和意义。

用接地气的实际生活事实来说话，远离"假大空"的说教，让学生自己来收集本地的一些政府履职和民生的资料，让学生通过亲身的体验来感受政府工作的原则，让学生自己根据实际来判断分析政府的行为是否做到了对人民负责，这样才能使学生对所学知识做到心服口服，实现理论知识的学以致用、知行合一。

四、创设结构情境，丰富聚焦学科核心素养路径

思想政治学科核心素养培育开启了高中思想政治课向活动型课程转型的征程，活动型政治课的着力点在于议题的情境创设。《普通高中思想政治课程标准（2017年版2020年修订）》强调，"要通过问题情境的创设和社会实践活动的参与，促进学生转变学习方式，在合作学习和探究学习的过程中，培养创新精神，提高实践能力"。我们该如何创设较好的问题情境，在有"可思考性"的议题式学习环境中，让学生积极有效地参与思想政治课程的知识学习、深度思考，从而实现知识建构、情感态度价值观的升华以及学科核心素养的养成，这需要一线思想政治课教师进一步研究。

（一）聚焦学科核心素养，确立情境创设的中心线索

在教学实践中，教师常常注重流程设计和教学方法选择，忽视学科核心素养培养目标的中心线索选取和研究，往往导致教学肤浅化，不能为学生的深度的主题学习提供较好的思维空间。高中思想政治课程情境创设的中心线索，不仅要能够承载思想政治课程基本观点学习的功能，还需要帮助学生不断增强对社会主义道路、理论、制度以及社会主义核心价值体系的认同，使国家的主流价值观内化为学生的基本价值取向。"中心线索"是基于社会现实生活中需要解决的矛盾或者疑问，学生运用学科知识，通过认真思考提出回答或者解答的题目。在高中思想政治课

程中的"意识的作用"的教学实践中,把中国的航天之旅作为主题情境的中心线索,将课堂主题学习活动确立为"品航天之旅思意识的作用"。具体如下:

课堂学生活动:第一小组用幻灯片展示中国航天发展的四大里程碑:①第一个想到利用火箭飞天的人是聪明的中国人——明朝的万户;②东方红一号——中国第一颗人造卫星;③神舟五号载人飞船升空;④深空探测——嫦娥奔月。第二小组分享视频素材"筑梦天宫"(天神对接成功的精彩瞬间)。第三小组分享了载人航天工程需要突破三大技术难题。在本课教学中,我们把中国的航天之旅作为主题情境的中心线索,学生围绕这一中心线索搜集和展示了形式丰富的文字图片和视频素材。在这样有情境、有情节、有情趣的主题学习的课堂环境下,学生就会感到有知识要学、有话要说、有情可抒、有理可析。

因此,着眼于学科核心素养的培养,确立情境中心线索,必须坚持做到:第一,要坚持正确的价值导向,主题要有利于学生形成正确的政治认同;第二,要坚持鲜明的学科主题,即主题要能够凸显高中思想政治课程的基本观点,有利于学生在开放性、思辨性的主题活动中突破学习难点;第三,要坚持以学生为主体,学科素养的培养要靠学生主体自觉而非外界强加。因此,围绕主题学习情境的创设可以"简政放权",即把情境的"选"与"用"的权力下放给学生,引导学生"以例证理"和"以理释例",这样可以让学生在理性认识世界的基础上理性地改造世界,更好地培养学生的科学精神等学科核心素养。

(二)优化情境与问题,搭建议题学习的脚手架

议题学习是围绕一个主题情境,以问题为思维线索创设教师活动和学生活动,为学生的参与和体验、认同和内化提供思维路径。如果情境过多、过于碎片化就会分散学生的学习时间和注意力,从而偏离探究主题,妨碍思维的深度和降低教学效益。因此,主题式课堂教学必须围绕主题线索对情境和问题进行结构优化处理,搭建主题学习的脚手架,推动学生参与、互动和展现,使各类情境和活动形成有机的整体。情境与问题的设置要有维度,要能够多层次、多方面地让学生发现主题学习的

价值,调动学生参与探究的主动性和积极性。情境与问题的设置要有梯度或关联度,要靠近学生的最近发展区,学生探究活动中能够有效地思考、表达、解释、分享和辩论,学科思维能力在参与探究问题中得到有效提升。情境与问题的设置还必须有深度,要能帮助学生突破思维定式,引导反思,彰显思辨精神。

(三)辩证选"境",提供深度学习的引擎

结合本节课的设计,笔者认为在具体情境设置时,事例的选择必须处理好两对关系,即"一与多"的关系与"正与反"的关系,才能更好地培养学生的政治学科核心素养。

第一,要突破"一例"的思维禁锢,实现"一与多"的对接。"一例到底"有很多优势,但它也有很大的局限性:在精致课堂教学的同时,限制了学生理性精神的发展,影响学生发散性思维的发展,使得本该"一叶知秋"反而"一叶障目"。同时,课堂上如果过分追求"一例到底",容易陷入对事例的"过度解释"的倾向,这不仅会使哲学庸俗化,还给学生制造思维上的盲点。一例与多例并非非此即彼的关系,要寻找二者的对接点,即一例为主、多例辅之、一中有多、多而不散。

第二,要坚持弘扬正例,不避反例,实现"反例正解"。正例固然对学生的"政治认同"和"公共参与"等核心素养的养成更为直接,但效果未必比反例好。如果对反例进行"正解",就会取得"负负为正"的效果。在本节课的情境选择上,通过设置"天神对接""筑梦天宫"与"重霾迷城"这一正一反的教学情境,经过学生独立思考反刍、小组合作探讨、教师不断追问,学生不仅领悟到人的意识的作用的实效性,而且还通过社会上出现的错误意识指导下的不良现象,学会了辩证思考。同时,不回避国家在建设过程中的问题,并盛情邀请学生共寻解决路径。反例有时比正例更能激发公共参与等热情,培养学生的理性精神和法制意识。

五、优化教学评价,建立健全核心素养教学设计评价标准

教学评价是促进学生成长、教师教学水平提高和教学设计方案完善的重要手段。如何在新课程改革推进过程中实现思想政治课程教学评

价同步跟进,实现以评促教、以评促学,对思想政治学科核心素养培育落地具有十分重要的作用。一般来说,教学评价包括课堂教学评价和课程教学评价两个部分,本文主要研究课堂教学评价。高中新课程改革把发展高中生思想政治学科核心素养作为评价目标。对于如何设计教学评价方案,笔者总结出三个方面:

（一）评价原则:指向学科核心素养

高中新课程改革把发展高中学生思想政治学科核心素养作为评价目标,思想政治教学评价活动的设计与实施,要以思想政治学科核心素养培育为主旨,关注学生学习的主动性和创造性,培养学生的发散性思维、批判性思维、想象力和观察力;关注学生解决复杂、不确定的现实问题的能力,树立终身学习的理念;关注学生的沟通和团队合作的能力;关注学生知情意行的统一,促进学生知行合一。所以,思想政治学科教学评价设计要注重评价的过程性、主体性、协商研讨性和多元化,把激励和促进学生思想政治学科核心素养发展作为评价的根本目的。思想政治学科教学评价设计要贴近高中学生生活实际,符合他们的心理特点,满足他们的个性化需求;要为他们提供表现自己才能的机会,选择他们熟悉的任务情境和多样化评价方式;要关注他们的学习过程和结果,增强他们自我反思的能力、沟通合作表达的能力、持续学习的能力、社会参与能力等,并对这些能力进行实事求是的评价。

（二）评价要素:"多元多态"

高中思想政治学科课程改革把发展高中学生思想政治学科核心素养作为评价目标,高中思想政治学科核心素养的内涵较为丰富。它不仅包含知识与技能,而且强调心理、价值和情感。它不仅包含思想政治学科特有的核心素养要求,而且包含核心素养的共性特质,并致力于通过思想政治学科核心素养的有效评价,实现一般核心素养的落地。高中思想政治学科核心素养评价的价值既具备"选拔人、甄别人"的工具价值,更包含着"培育人、成就人"的意义价值。因此,高中思想政治学科评价设计应该对传统教学评价进行辩证否定、批判继承和创新发展,评价要素坚持"多元多态",即评价主体和评价内容多元、评价手段多样、评价结果多态。"评价主体多元"是指思想政治学科核心素养的评价主体,不仅要包括上级教育行政部门、教研部门,还应该包括教师、自我、同伴、家长和社会等多个主体。"评价内容多元"是指思想政治学科核心素养的评价内容,不仅要评价学生思想政治学科基础知识的掌握程度、主干知识的再现程度和主要问题的解决程度,还要评价思想政治学科课堂教学活动中师生情感的发展度和价值的成长度,更要评价学生在离开特定的教育情境后,思想政治学科课堂教学活动对他们能力提升、素养养成、人格发展的影响度。"评价手段多样"是指思想政治学科核心素养的评价手段不仅要包括传统唯一的"纸笔测试",还要包括自我体验、问卷调查、他人描述等多种手段。"评价结果多态"是指思想政治学科核心素养的评价手段,应该在科学性基础上坚持多样性,不仅包括考试成绩等终结性评价,还应包括学生自我体验的描述性文本、专题或问题的研究成果、小组学习中的自我以及同伴的过程性评价。

(三)评价设计策略:动态化发展性评价

根据高中思想政治学科活动型课程的课程性质,思想政治课程教学评价的设计必须体现对学生思想政治学科核心素养的培育,要评估学生解决情境化问题的过程和结果,反映学生所表现出来的思想政治学科核心素养发展水平,不仅要评价他们对学科核心知识的掌握程度,更要评价他们参与体验活动的过程。因此,教学评价设计应坚持动态化发展性评价方法与路径,将教学评价与教学目标、教学活动融合在一起,坚持教、学、评一致性。本课题组以"公司的经营"为例,谈谈思想政治学科课堂教学评价设计的实战攻略。归纳起来,可以从三个方面着手:

第一,坚持教、学、评一致,设计与教学目标、教学活动相结合的评价任务。课堂教学的每一个目标、每一个活动,都应该有一个清晰明确、可操作的评价任务。在进行"公司的经营"这部分内容时,本课题以"放飞创业梦想——探究公司经营"为议题,围绕"成立公司""经营公司""理性对待公司经营发展成败"三个环节组织学生探究。在每一活动环节都联系教学目标设计了评价任务,以评价任务为载体,将教学评价与教学目标、教学过程融为一体。

第二，教学评价要专注学生的思想政治学科核心素养的行为表现，对学生的学科核心素养发展给予肯定性评价。教学评价可采用差别式表现评价的方式，即求同取向与求异取向相结合的方式。求同取向是指有统一标准，这个统一标准就是学科核心素养及其水平划分。求异取向是指无标准答案，鼓励学生基于自身不同经验，运用相关的学科知识与技能，从不同的视角，根据不同的素材，表达自己的不同见解，提出不同解决问题的方案等。

比如，在上文的"公司的经营"设计中，设计一系列富有开放性的活动任务：请同学们组队对自己感兴趣的企业进行调研，企业可以是我们地区的企业，也可以是我国知名企业，调研这个企业的全称、类型、经营理念以及竞争优势或不足等方面情况；调研途径既可以是实地访谈，也可以是网上搜集，成果呈现可以录制视频、制作PPT，还可以写出文字报告等；学生可以结合自己的兴趣和涉猎范围自由组建公司，设计公司的名称、类型、机构、经营项目、经营理念或策略；面对公司经营前景也可以大胆想象，理性分析兼并与破产的利弊等等。在学生回答这些问题的过程中，我们以"公司的经营"框题中的核心知识为共同标准，那么站在哪个视角、采用什么方式、引用哪些材料、归纳多少要点，并无标准的答案，对于学生回答的合理之处一定要鼓励，并及时给予肯定性的评价。因为学生的每个回答虽有差异，事实上都有合理之处，所以对于"共同标准"的达成度来说，只是视角之差、深浅之别。

第三，设计评价量表。设计评价量表，记录和评价学生在活动中的多方面表现。比如参与活动目标是否明确、是否积极参与资料的搜集和整理、是否与小组同学配合主动、搜集信息是否充分、能否流利表达小组观点等等。评价表可以按项目、多维度、分等级设置，评价的等级可根据综合情况设置为优、良、中三级或对应为A、B、C三级。在评价过程中既评价学习情况，又引导活动过程。

第四，制定合理的课堂评价机制。为更好地发挥教学评价的激励和引领作用，将"多元多态"的动态化发展性评价贯彻于教学活动，提高课堂活力,必须制定合理有效的课堂教学评价机制。这一评价机制要根据学情、教学目标、教学内容等情况,综合"多元多态"的评价要素而最终确定。比如,在"公司的经营"设计中,确定如下评价机制:①全班分成六组,五个创业组和一个评审组。创业组按照学案提示完成企业创立,经营方案,企业发布。评审组可对创业组活动过程质疑,根据活动情况评选出最佳创业团队。②组长负责记录讨论情况,记录表格在课后贴到班级展示栏中。③探讨后抢答发言,发言小组可获得一朵"小红花",得"小红花"最多的小组被评为优秀创业小组,小组成员可获得素质评价中思想政治学科课堂表现部分的加分。

这个评价机制关注过程性评价,不仅有教师评价,还有学生之间的互评,并且学生的表现通过评价得分计入素质评价的课堂表现这一部分,这不仅鼓励学生积极参与课堂互动,而且将综合素质评价学分管理的改革贯彻落到课堂教学实处,有效地推进了学生思想政治学科核心素养的培育。

第三节 基于学科核心素养的高中思想政治课程教学设计成就与反思

一、高中思想政治课程核心素养教学设计所取得的成就

培育政治学科核心素养是《普通高中思想政治课程标准(2017年版2020年修订)》的标志性追求,塑造活动型政治课是培育政治学科核心素养的关键抓手,议题式教学又是塑造活动型思想政治课的重要教学方式。毫无疑问,学科核心素养、活动型思想政治课以及议题式教学是新一轮高中课程改革的主要探索方向,本文将这些新课程改革提出的新理念、新要求融入高中思想政治课程教学设计,聚焦政治学科核心素养,对高中思想政治课程教学目标的优化、议题的选择、结构化情境的创设、教学评价的改进等方面进行了很多探索。

（一）教学设计中立德树人的教学目标更突出

培育学科核心素养是高中思想政治课程落实立德树人目标的核心要义，是《普通高中思想政治课程标准（2017年版2020年修订）》的标志性追求。本文聚焦学科核心素养，整合了三维教学目标，提出了"精研课程标准，细化立德树人培育目标"的策略与方法，该策略和方法有助于一线高中思想政治课教师能更好地科学解读思想政治学科核心素养，整合原有三维目标，细化思想政治学科核心素养目标，研究教学目标的叙写格式，指引教师在叙写教学目标时具体明确，便于思想政治学科课堂教学的操作实施及教学评价。这在一定程度上克服了照搬《教师教学用书》或罗列知识点、套用三维目标的条框目标叙写模糊抽象等学科核心素养目标被弱化、僵化、虚化的不良倾向，提高了思想政治学科素养教学的有效性和针对性。基于学科核心素养的教学目标设计，在一定程度上加深了思想政治学科教师对新课标和学科核心素养的深度理解，帮助教师解决了确立教学目标的操作性难题，立德树人的教学目标在教学设计中更加突出，学科核心素养目标更加有效地落到了思想政治学科课堂教学的实处。

（二）教学设计出现了各种以素养为主导的活动型课程

塑造活动型思想政治课程是培育思想政治学科核心素养的关键抓手①。教师的阵地是课堂。教学设计作为教师实施课堂教学的蓝图，关系到课堂教学开展的成效。本文基于学科核心素养，提出了"精选中心议题，开展以素养为中心的活动型课程"的教学设计策略与方法，"议中学"促进了学生死记硬背学习方式的转变，有效克服了课堂活动单一，局限于"讲—练—考"，学生活动过多，"虚热无魂"，有"问题"无"议题"，且问题设计低质无效等弊端，推动了将思想政治学科核心素养培育的新课改理念，落实到思想政治学科课堂的实践中，塑造了新型的活动型思想政治课堂。在活动型思想政治课堂的教学设计的规划之下，通过议题展开教学活动，"使知识内容依托活动，使活动过程提升素养"，高中思

---

①向怡颖. 基于高中思想政治活动型课堂的学生公共参与素养培育[D]. 成都：四川师范大学,2021:18-23.

想政治学科课堂教学将逐步走向生活化、过程化,不仅完成了知识建构、能力发展、价值引领,还关注了学习过程的思辨、体验、表现,帮助学生确立正确的政治方向,增强社会理解和参与能力,提高思想政治学科核心素养,落实了立德树人的根本任务。可以说,围绕议题的活动思想政治课堂教学设计,在一定程度上实现了高中思想政治课堂由过于关注内容和结果,向关注观念和过程的课程转变,促进了教师由以讲授者为中心向以学习者为中心的教学转型。

(三)教学设计中聚焦学科核心素养的路径更加有效

优化案例,采用情境创设的综合性教学形式,是学科核心素养培育和塑造活动型思想政治课堂的重要实施路径。课堂是学生成长的重要场所。本文基于学科核心素养,提出了"精致结构情境,开辟聚焦学科核心素养路径"的策略与方法,有效克服了部分教师在情境创设过程中出现的失度、失真、失联等散乱无序的不良倾向,使学科核心素养培育的路径更加畅通、更加有效了。该策略与方法的实施,将教学情境与教学目标、教学内容的内在逻辑相关联,围绕主题线索对情境和问题进行结构优化处理,从而极大地推动了学生积极参与、互动和展现,实现情境与问题的统一、问题与知识的统一、知识与素养的统一。这不仅为学生提供了课堂学习环境,搭建了学生知识建构、素养培育的基础和支架,还为学生提供了由知识世界向生活世界的通道,学生在体验社会生活及自身的思维活动中,提升了社会理解和参与能力,给学科核心素养的真实养成提供了有效路径,最终使高中思想政治课堂充满魅力和活力。

(四)正在努力建立健全核心素养教学设计评价标准

发展高中学生思想政治学科核心素养是高中新课程改革的评价目标。高中思想政治课堂教学评价是高中思想政治课程教学设计的重要组成部分,也是思想政治课堂活动不可缺少的环节。本文基于学科核心素养,转变教学评价理念,提出了"精心教学评价,建立健全核心素养教学设计评价标准"的策略和方法,主张设计动态化发展性教学评价,力求实现评价要素"多元多态",即主体多元、评价手段多样、评价结果多态。

这些动态化发展性的课堂教学评价方法与路径,贴近了高中学生的生活实际,满足了他们的个性化需求,为他们提供了表达自己观点和才能的机会,关注了学生的学习过程和结果,对他们的自我反思的能力、社会参与能力、沟通合作表达的能力、持续学习的能力等进行了及时有效的评价,这极大地克服了部分教师在教学评价中出现的评价内容片面化、评价主体和评价方法单一化等素养评价虚化失察的不足,将教学评价与教学目标、教学活动融合在一起,坚持了教、学、评一致性,逐步形成了科学的思想政治课堂教学核心素养评价的方式与方法,力求有效地衡量和评价学生的思想政治学科核心素养的发展状况。

二、引发的思考

(一)学科核心素养的培育面临诸多挑战

新时代意味着新挑战。从教师角度来看,如何将高中思想政治学科核心素养的培育落实到教学实践中,尚处于"摸着石头过河"的探索阶段,目前没有系统的理论指导,也缺乏典型先例可遵循。因此,思想政治教师对此充满了新奇感和需求感,当然有时也会感到困惑和无所适从。很多思想政治教师并没有做好准备,对于"学科核心素养""活动型学科课程""议题式教学"这些新观点、新主张还是一头雾水。因此,从行动研究的角度探索具体的教学设计策略是一个亟待研究的课题。从学生角度来看,活动型思想政治课程的实施需要学生的主动参与。但是,长期受传统教育的影响,学生对政治的学习习惯于死记硬背,学习的主动性、课堂参与意识和表达能力还很欠缺,社会调研能力更是短板,所以,学生对活动型教学还有诸多不适应。从学校教学管理角度来看,很多学校主管教学的领导和相关教师还没有更新观念,对新课程理念知之甚少,因此,完善的学科核心素养评价体制还很不健全,从而束缚了思想政治教师进行课改的积极性和主动性。

(二)新时代思想政治教师要树立创新意识,不断提升自身专业素养

新时代呼唤新作为。思想政治教师跟上时代的步伐,努力钻研相关

教育教学新思想新理论,勇于创新,大胆实践,将新课程理念融入日常教学设计中,科学理解思想政治学科核心素养,努力塑造活动型思想政治课堂,努力钻研议题式教学方式,实现思想政治教师角色由"知识灌输者"向"品格引路者"转变,由"思想守旧者"向"时代创新者"转变,由"重复劳动者"向"实践反思者"转变。我们知道,教学设计从来都不是抄写优秀教案的过程,教师专业化的关键是要保持教师工作的创造性和发现性,要致力于教学设计的研究与创新。当前,处于高中思想政治课程改革的新阶段,立足思想政治学科核心素养培育的教学设计大有可为。

(三)新时代思想政治教师坚定政治信仰,上好铸魂育人的思想政治课

习近平总书记在2019年3月18日主持召开的学校思想政治理论课教师座谈会上发表重要讲话,他强调思想政治理论课是落实立德树人根本任务的关键课程,办好思想政治理论课关键在教师,要让有信仰的人讲信仰,政治教师要有正确的政治观念和深刻的家国情怀。有信仰的人才能讲好信仰,政治教师必须坚定政治信仰,厚植理论根基,树立学科自信,要理直气壮、旗帜鲜明地讲好思想政治课,将信仰的接力棒传递给学生,帮助他们"扣好人生第一粒扣子"。因此,高中思想政治教师必须担起讲好立德树人关键一课的时代重任,坚定政治信仰,厚植理论根基,上好铸魂育人的思想政治课,适应时代要求,创新教学模式,打造知行合一的新课堂,提升人格修养,坚持终身学习,争做行为示范的好老师,让我们的高中思想政治课更加有知识、有味道、有情怀。

第七章 基于思维导图的高中思想政治课程教学模式构建与应用设计研究

第一节　基于思维导图的高中思想政治课程教学模式构建

一、思维导图应用于高中思想政治课程教学的必要性

(一)高中思想政治课程教学现状分析

1.教学方法单一

高中思想政治这一学科的知识点相对烦琐,很多学生存在政治知识记得快、忘得也快的问题,而且总是死记硬背知识点,有的学生也常常因为这个学习过程太枯燥乏味而放弃这一学科的学习。笔者认为这一现状与教师的教学方法不无关联。当前,大多数思想政治教师仍然使用传统的教学方法。单调乏味的教学使学生处于被动学习状态。同时,这也加剧了学生对思想政治学科的抵触情绪,大大降低了教与学的效率。

2.忽视学生主体地位

学生是学习的主体,他们自己的各种因素直接影响学习的有效性。现代教育理念是,在教学过程中,只有充分突出学生的主体地位,才能达到教学的效果[①]。然而,就当前部分高校思想政治学科教学而言,这种主体地位在实际的政治教学中仍然未能得到很好的体现。思想政治学科教学本应重视学生的记忆力、理解力、思维力和创造力的培养,而现实情况是,教师仍然采用"填鸭式"教学,将思想政治知识强行灌输给学生,也不考虑学生需不需要、有无兴趣,教学效果相对不佳。

---

①孟繁华.坚持把教师队伍建设作为基础工作[M].北京:中国人民大学出版社,2021:61-68.

3.学生缺乏积极性,知识理解能力不足

学习基础相对较弱,一部分学生比较自卑,对学习没有自信心,害怕出错,不敢参与课堂活动;一部分学生则认为学习思想政治理论没有用,学习动力不足;还有一部分学生文化基础比较差,学习能力不够,只会死记硬背知识点。因此,大部分的思想政治课堂气氛经常是死气沉沉,学生学习思想政治这门学科的积极性不够,兴趣也不够强烈,自信心相对较弱。

4.教师对教材内容难以把握

新课改提倡实践、探究与创新,对过去老教材中的偏、难、疑、旧知识点进行了大量的删减和改动。思想政治教师教龄较短,教学经验相对不足,对教材的把握本身就存在一定的弱势,加上思想政治教材不断更新,使得教师教学难度大大提升。然而,在思想政治教学中,教师的主导地位是不容忽视的,教师只有准确地把握教材内容,认真有效地备课,才能在课堂上将知识传授给学生。

(二)高中思想政治课程教学需求分析

1.高中思想政治课程教学应转变教学观念

高中思想政治教师应该转变教学观念,摒弃灌输式教学,重视学生在学习过程中的主体地位,教学中要做到文字与图形有效配合、说教与互动相得益彰、文字与图形有效配合。一般情况下,高中思想政治理论知识较为抽象、不易理解,而图形可以将思想政治理论知识形象化,易于学生理解和学习。所以,文字和图形的有效配合可以提升学生学习思想政治这门学科的积极性和主动性,可以提升高中思想政治课程教学质量和效率。具体来说,在教学中,如果能有效地将文字与相关图形进行有机结合,就能进一步加深学生对当前课堂所学知识的理解。

说教与互动相得益彰。高中思想政治课程的传统教学模式过于注重教师的地位,教师扮演的角色是知识传递者,学生扮演的角色是知识学习者,事实上双方沟通交流较少。但在当前新课改的背景下,学生获取知识的途径和渠道日益丰富,思想政治教师难以合理地掌控与发挥自身知识的威望性,所以教师仅仅扮演以教为主的角色,已经不能满足现代

学生的实际需要,为此,教师必须创新教学模式,帮助自己和学生之间有效沟通。

总之,在实际教学中,高中思想政治教师需要结合实际情况,创新教学模式,从而更好地促进思想政治教师教学水平的提升。

2. 高中思想政治课程教学应考虑学习需要

学习需求分析的作用是识别教学问题,并在此基础上形成总体教学目标,以便为理解学习内容、形成学习目标、设计教学策略、选择和使用教学媒体以及进行教学评估等提供真实的依据。

学习需要是指学生目前的学习情况与他们想要达到的学习情况之间的差距。学生期望达到的学习情况,是指他们应该具备何种能力素质。一般情况下包括:

第一,准确记忆高中思想政治学科四本必修课的知识点,并将知识点有效运用到日常实践中。高中思想政治学科必修课主要围绕"中国特色社会主义""经济与社会""政治与法治""哲学与文化"进行编撰,每一模块又包括四课,内容相对较多,学生要想清晰掌握每个知识点并在头脑中厘清知识点之间的逻辑关系并非易事。更重要的是,学生还需将知识点有效运用到日常实践中,真正理解知识和运用知识。

第二,根据高中思想政治课中学习的知识点,能够全面分析各种社会现象和社会问题,并形成科学的世界观和方法论。在教学目标中,注重培养核心素养,学生不仅要掌握课本中的知识点,最重要的是利用所学知识分析社会现象和社会问题。

第三,具有良好的思维能力、知识理解能力、独立学习能力。学习是主动发生的,而不是仅仅靠教师牵引,学生只有具备独立学习能力,才能适应学习环境,才能在学习中把握主动权。当然,良好的思维能力能够有效地帮助学生理解和分析问题,对事物有客观、准确、全面的态度和看法。

(三)高中思想政治学科特点分析

1. 思想政治课程知识结构特点分析

以思想政治课程知识结构来说,它是一门综合性学科,内容覆盖哲学、经济学、科学社会主义、政治学、伦理学、法学、心理学、宗教等有关马克思主义的基本观点、基本理论,还涉及教育科学理论知识、自然科学常识,以及现代高科技方面的知识和文学、历史、地理等社会科学基础知识。同时,思想政治课程还与时事政治紧密结合,涉及党和政府制定的重大政策,是一门综合性极强的学科。这也就导致了学生死记硬背后,做题无用的挫败境地。

而思维导图恰恰能够以图示的方式,将纷繁复杂的学科知识进行梳理整合,从而让学生厘清知识脉络,理解知识结构,从而高效率地掌握思想政治课程内容,培养思想政治素养。

2. 政治认知思维特点分析

政治认知是公民在社会生活中通过学习等途径获得政治感性认识,并基于政治认识产生政治态度,同时根据自我政治认识和政治态度,对现实政治事务、现象产生政治评价,在政治评价过程中形成自我政治价值,并反作用于政治认识的过程。政治认知思维的逻辑性、整体性和循环性为思想政治学科教学提出了最基本的教学要求。

高中阶段的思想政治学习与此前的小学、初中有所不同,在日常教学之中,很多对政治学习的错误认知,导致学生认为思想政治课就是背诵课。于是,就会产生积极背诵,但少于理解思考的学习思维。这就会导致一种现象,那就是学生在政治学习中,知识点背得滚瓜烂熟,但到了考试做题的时候,却摸不着头脑,甚至出现部分学生将当前所学知识点全部罗列在主观题中,让教师找得分点的情况。虽然我们不能简单地以学生考试分数来评价学生的学习水平,但如此机械的背诵式学习,很明显反映了学生从根本上没有以政治认知的思维方式来学习,产生了政治认知思维与政治知识结构割裂的现象。

思维导图与高中思想政治课程的结合正好能够作为政治认知思维与政治知识结构的桥梁。在师生合作的过程中,教师可以潜移默化地通过思维导图激发学生的政治认知思维,使学生能够以思想政治课为基础,逐渐构建自己的政治价值观。同时,思维导图的运用,也会加速学生从政治认识到形成政治价值观、实现政治认知思维的飞跃。

基于对当前思想政治教学以及高中思想政治学科的分析，笔者认为思维导图在高中思想政治课程教学中的应用具有可行性。高中思想政治学科中需要识记的知识有很多，虽然每册书分成了不同的模块，但是对于初次步入高中的学生而言，学习起来依然显得比较困难。因此，教师有必要提供一种能够帮助学生快速理解思想政治知识的方法，提高学生的学习效率，增加学习思想政治这门学科的热情和信心。

（四）思维导图应用于高中思想政治课程教学的优势

基于对高中思想政治课程教学现状和需求分析、高中思想政治学科的特点分析后发现，高中思想政治课程是一门包罗万象，且内容较为抽象的学科。思想政治课程教学长期以来存在着诸如教师教学模式单一、方法陈旧，学生学习动机不足、只知死记硬背，思想政治课堂缺乏活力、教师缺乏激情、学生缺乏生机。如何改变这一现状？通过对思维导图的相关分析，笔者认为在高中思想政治课堂上应用思维导图，把零散碎片化的知识系统化、层级化，不仅便于学生理解知识，也便于学生记忆，还有利于增强课堂活力、提高教学成绩。具体可细化为以下功能：

1. 提高教学效率功能

第一，在传统的高中思想政治课程教学中，教师仅仅是单向传授知识，学生被动地接受知识，不能真正将知识内化为自己知识体系的一部分。随着信息技术的发展，教室也变成了多媒体教室，教师运用多媒体进行授课，然而看似完整、丰富的课堂中，学生听完课后在头脑中并没有留下多少知识。倘若教师在教学中能够有效地利用思维导图，点明每节课的重难点，使学生主动地去思考，让枯燥的思想政治知识变得富有逻辑和更加有趣，这样，既能够引起学生学习思想政治课程的兴趣，还能够培养学生的逻辑思维能力。

第二，高中思想政治这门课程本身就是知识点复杂、抽象又非常容易概念混淆的课程。如果教师在进行思想政治课程教学的过程中，单纯以文字的形式传授给学生，则教学效果将会大打折扣，很大程度上影响了教学效率。在高中思想政治课程教学中应用思维导图，可以使学生之间加强交流与合作，主动加入到师生的思维碰撞中。

第三，如果教师能够合理进行教学设计，在教学的各个环节充分利用好思维导图，其本身也能更好地厘清不同知识点之间的逻辑关系，找到教学任务中的重点内容。

2. 促进知识理解功能

高中学生入学后的第一堂思想政治课，思想政治教师就应帮助学生摆正对思想政治这门课程的态度和想法，因为当前普遍存在这样一种误区，学生认为高中思想政治课程就是多背背书、多做做练习题就能取得好成绩，然而这完全违背了国家对思想政治课的期望和要求。同时，经过一个月甚至半年的思想政治课学习后有的学生会发现，尽管上课听得很认真，笔记记得很清楚，考试中依然对概念性的知识有混淆。原因就在于，学生对高中思想政治学科的学习方式及思维方式出现了问题。简单概括地说，就是学生头脑中缺少系统的思想政治知识结构，无法养成正确的思维方式和学习习惯。

思维导图的价值此时也就凸显出来了，它能将零散的思想政治知识加以整合，使之系统化和条理化。运用思维导图进行学习，借助关键词、线条、色彩等快速厘清概念和知识之间的联系。建构主义教学理念认为，学习是一个主动建构的过程。皮亚杰认为："学习并不是个体不断自外界获得外部信息的过程，而是一个创造的过程。即在原有的图式基础之上，不断建立新的认知图示，在这个过程中，只有学习者积极地参与建构，同化才能够发生。"由此看来，在教学中必须以学生为主体。

通过思维导图帮助师生构建知识体系是非常有效的，师生可以利用思维导图实施有效的总结和复习。例如，当完成一个学习单元时，学生可以使用思维导图来总结和复习学习内容，还可以检查他们的认知结构是否稳定，并在测评中发挥作用。当学生准备考试时，绘制思维导图是一种非常方便的方法。学生首先可以通过绘制思维导图来展示他们对思想和知识的记忆，然后将其与之前绘制的思维导图进行比较，从而加深记忆和理解，并找到学习中的薄弱环节。

3. 提升合作交流功能

教学不是孤立的行为，而是人与人之间互动的活动。这是一个或多个教师集体与学生互动的过程。教学过程中伴随着各种合作与交流过程，例如师生互动、生生互动。通过同伴相互作用，才能使学生的认知发展和社会性发展得以促进。苏联建国时期心理学家维果茨基曾指出："人类心理是在人类活动中，人与人之间互动的过程中发展起来的。只有通过合作交流，教学与学习才能向着教学目标良性开展，并步步深入。"

在高中思想政治课程教学中，思维导图的应用方式很多。比如，在师生互动之中，可以由教师与学生共同就一个思想政治学习模块进行思维导图的绘制，在这一过程中，教师能够对学生的思维模式进行了解并引导，而学生也会逐渐建立自己对思想政治学科的认知，同时形成较为私人的学习思维模式，二者之间的互相交流，既能够促进教师教学，同时也能够使学生对思想政治学科的认识和学习起到较好的推进作用，从而达到学习和教学目标。而在生生互动中，当教师将同一个专题的思维导图绘制任务下发至学习小组时，学生为了完成任务，就不得不在合作的过程中构建起足够的积极互赖，当一张思维导图将所有学生联系到一起，一个人的思维导图绘制将影响所有人，一个学生的成功必须以他人的成功为基础，从而使他们形成积极的目标互赖、角色互赖和资料互赖，从而形成"头脑风暴"式的相互合作和"荣辱与共""休戚相关"的共荣关系，以此为基础，达到亲密无间的相互交流，从而以思维导图绘制为锚点，促进高效学习。

思维导图的绘制过程中，师生、生生之间的交流合作将很大程度上刺激学生逻辑思维及合作能力的飞跃式发展，并在其中实现对具体知识的深入理解，即达到教师教学能力与学生学习效率的双赢。

二、典型教学模式分析

(一)周泳的思维导图促进自主学习教学模式

为引导学生主动构建知识，给学生提供思维导图这一高效课堂学习工具，从而打造积极的课堂环境，周泳依据自主学习理论和学习工具理论，结合一般的促进自主学习教学模式结构，引入思维导图，构建了新的教学模式。

基于思维导图促进自主学习的教学模式分为"三模式,六环节"。"三模式"是指课前预备模式、课中学习模式、课后总结模式,"六环节"是指激发学习动机、制订学习计划、自主探究、小组交流、学习总结、自我评价。

1.课前预备模式

教师创设学习情境,激发学生的学习动机,此时教师可以给学生展示旧图式思维导图,通过巩固旧图式的形式,与新图式建立有效的联系,进而刺激学生对新图式的探究欲和渴求欲。同时,可运用思维导图制定学习目标,使学生对总体目标与具体目标有更准确的把握。

2.课中学习模式

将自主探究环节引入思维导图,在这个过程中,发挥思维导图帮助学生高效记录笔记的作用,学生记笔记是对知识不断同化、重组和筛选,对新知识形成一定的概念理解和逻辑框架。学生在自主探究后,要对个人掌握的知识和见解进行有效的分享和交流,以此来矫正新知识的体系结构。在小组交流环节,主要分为学习借鉴、完善图式和展示图式这三个环节。

3.课后总结模式

学习总结环节是整理学习收获的过程,运用思维导图对知识进行深层加工,既要对新图式作出总结,还要对旧图式与新图式之间的关系作出总结。经过思维导图式总结,使得知识更加具有直观性、概括性和条理性。在自我评价环节,学生在原有思维导图式学习计划和完整范式的基础上,直接进行检测,力求对知识系统进行有效评价,从而进行自我查缺补漏。

(二)吴祉婧的基于思维导图的高中物理复习课教学模式

吴祉婧以建构主义学习理论、脑科学理论和多元智能理论为理论基础,构建了基于思维导图的高中物理复习课教学模式。该教学模式由课前准备阶段、课堂展示阶段和课后评价阶段三部分组成。吴祉婧又根据不同课型特点,将复习课分为单元类、习题类和专题类复习课,分别进行了教学模式构建。高中物理单元类复习课教学模式对本研究有一定的指导意义,因此在这里主要介绍这种教学模式。

1. 课前准备阶段

课前准备阶段主要包括学习内容分析和具体学情分析。

(1)学习内容分析

吴祉婧将物理学习内容分为两大类:一类是描述性知识,另一类是运用性知识。在单元复习课描述性知识的学习中,教师要对本章知识网络了然于心,教师可将此部分知识的思维导图留给学生作为课前作业,让学生自主搭建学习框架。在单元复习课运用性知识的学习中,利用思维导图进行解题思路的分析以及解题策略的总结,教师要在课前精准选择讲解题目和习题作业。

(2)具体学情分析

教师可以通过与学生交谈,在课前了解学生对复习章节内容的掌握情况、对复习章节内容的学习兴趣等。

2. 课堂展示阶段

课堂展示阶段主要包括激发学习动机、建构知识体系和分析解决问题。

(1)激发学习动机

复习课所讲的内容大部分是学生已经学习过的,因此在构建本单元知识结构时,应注意激发学习者的学习动机,避免学生产生厌倦情绪。具体可从四个方面入手,分别是创设自由化学习环境、体现学生课堂主体地位、创设学生自主学习情境、适当采用奖励惩罚机制。

(2)建构知识体系

高中物理知识有很强的系统逻辑,教师可以通过协助学生绘制思维导图的方式进行物理意义建构。

(3)分析解决问题

为了更好地帮助学生分析问题、总结解题策略,可让学生遵循精简解题条件原则、探寻不同方法原则和完善思维导图原则,绘制思维导图。

3. 课后评价阶段

教师不仅要进行自评,还要特别注意对学生进行评价。为了保证课程实施的有效性,需要从学习目标达成度、解决问题灵活性以及学生除知识之外的收获三个方面来进行检验。

(三)郭艳霞的基于思维导图教学模式

郭艳霞通过分析人脑与神经元的结构特点、人的认知特点与事物的存在方式,结合思维导图的特点与功能,阐明思维导图与教学进行整合的理论基础和深层次意义。

1. 教学目标分析

教学开始之前,教师要对课程及各教学单元甚至每节课进行目标分析。教学目标包括三个维度,所以教师在分析教学目标时要从这三个方面考虑。首先分析学生需要掌握哪些基本知识和理念,其次分析要培养学生何种学习能力,最后要使学生在学习过程中获得情感体验,激发学生的学习动机和学习兴趣。简言之,要使学生通过学习实现"学会""会学""乐学"。

2. 教材分析

教师首先对教材进行整体分析,比如教材体系结构、文字内容等,都要充分进行分析;其次对教材的具体内容进行分类整理,分析重难点;最后结合教学环境与资源等因素进行分析,在此基础上撰写教案。

3. 教学对象分析

教学对象分析也称为学习者特征分析,重在了解学生的年龄特点、性别比例、基础知识掌握程度等,以便在教学中以学生为中心。

4. 课前准备

教师和学生在课前都需要做好准备。教师要准备好教学用具,正确选择教学媒体,学生要提前做好预习,备好课本和自己的学习用品,便于在课堂上手绘思维导图。

5. 教学过程

在教学过程中,教师应用思维导图启动旧图式,然后将新图式导入,再通过小组合作探究的方式不断完善思维导图,最后要求学生课后再次完善自己的思维导图。

6. 课后总结反思

课后,教师和学生都要进行总结和反思。教师要总结整堂课的教学成果,反思在课堂上有没有遗漏之处,是否需要进一步完善。学生也应该总结在整堂课中自己有哪些收获,有哪些地方还有不足,便于后期更改和完善。

7. 教学评价

教学评价包括对教学中各种要素的评价和分析,最主要的是对教师的教学过程和学生的学习效果进行评价。郭艳霞在她提出的教学模式中指出,教师评估工作与学生考试形式均可使用思维导图。

(四)典型教学模式对本研究的启示

通过分析上述三种典型的教学模式,主要有三个方面的启示。

1. 课前做好充足准备

无论设计哪种教学模式,目的都是为了使教学产生良好的效果。在课前,只有充足做好准备工作,才能确保课上准确把握课堂细节。因此,教师在课前要对教学目标、教学对象、教材进行深刻入微的分析。

2. 课上把握教学环节

在课堂教学过程中,可将思维导图贯穿于全流程,当然也需因课程内容而异。教师是学生学习的帮助者和引导者,学生发挥主体地位,在教师引导下,采用自主探究与合作探究的方式绘制有关高中思想政治知识的思维导图。

3. 课后做好总结评价

45分钟的课堂时间显然太短了,要想将课堂效果发挥到极致,还需要教师和学生分别做好总结与评价,充分考虑学习目标是否达成、教学中是否出现矛盾与冲突、后期需要做哪些改善。同时,评价需要是全方位、多形式。

三、基于思维导图的高中思想政治课程教学模式建构原则与思路

为确保基于思维导图的高中思想政治课程教学模式的构建与完善，在正式设计之前，有必要对建构原则和建构思路进行考量，遵循相关的原则、明确相关的思路显得尤为重要。一方面，建构原则的明确有利于让理论与实践相统一；另一方面，建构思路的梳理有助于让建构出来的教学模式更加科学合理。

（一）建构原则

在进行基于思维导图的高中思想政治课程教学模式构建时，要重点遵循以下原则：

1. 主体性原则

在思想政治课程教学中运用思维导图时教师需要明确一点，那就是无论是师生之间共同绘制思维导图，还是生生合作中的思维导图绘制，抑或学生自己独立绘制思维导图，在思想政治课程教学过程中每一个运用思维导图环节的主体都是学生，而非教师。教师可以借助目标制定、主题框架等多种方式引导学生，向着提高知识理解能力、形成政治认知思维、构建政治知识结构的方向前进。当然，教师应该尊重学生的主观能动性，将主体地位交还给学生，使其主动发挥想象力和创新力，发挥自己的主体作用。

2. 协同合作原则

在新型教学模式应用于高中思想政治课程教学过程中，要注重引导学生协同合作，共同完成学习任务。因为，在实际教学中，学生初次接触思维导图，并且本身大部分学生学习能力相对薄弱，学习方式应该主要以合作学习为主。基于思维导图的高中思想政治课程教学模式应重视激发学生的合作意识，通过营造良好的学习氛围，引导学生共同讨论分析学习内容，交流合作共同绘制思维导图，帮助学生实现合作协助。

3. 科学性原则

科学性原则主要指教学内容的科学性和认知过程的规律性。高中思

191

想政治课程的特殊性,决定了其教学模式的构建要遵循特殊的原则和要求。应该按照高中思想政治学科的特有内容进行教学体系设计,从而确保内容的正确和科学。同时,教师应该充分研究学生的学习认知规律,按照科学的教学目标分类体系,组织和实施教学内容、教学资源、教学活动和教学评价,来达成教学目标。

4.多元评价与及时反馈原则

基于思维导图的高中思想政治课程教学模式在进行教学评价设计时要坚持多元、及时的原则。多元指的是评价主体的多元和评价方式的多元,比如,评价主体应涵盖教师、学生及其他成分,评价方式则应包括过程性评价、总结性评价等。及时指的是评价和反馈的及时性,能够保证教师和学生及时发现问题并改进问题。

应该始终遵循上述四条建构原则进行后期的教学模式建构与实践,从而实现有效的基于思维导图的高中思想政治课程教学模式的建构。

(二)建构思路

在分析建构原则的基础上,理顺建构思路,从而引导教学模式的建构更加顺畅地进行。以思维导图的特点和高中思想政治学科的特点为依据,对教学模式各个构成要素进行详细分析。

1.关键理论指导

教学理论是构建教学模式的指导理论,正是因为教学理论的存在,才能构建起整个模式的深层内核,并找到建构的方向。关键理论指导主要来源于两个方面,即以思维导图理论为主要指导,以其他理论为辅助指导。

2.教学目标设计

教学目标是指教师与学生通过教学活动期望达到的结果与变化,是对学生学习活动、教学活动结束后所能达成的一种明确的表述,重在结果和变化。

3.教学程序设计

教学程序重在描述整个教学活动的步骤和过程,根据四条建构原则,确定了基于思维导图的高中思想政治课程教学流程,以期整个教学活动具有完整性和有效性。

4. 教学评价设计

教学者要运用一定的评价标准和方法,对自己所设定的教学目标达成情况进行一定的检验,也是对教学模式实施后产生的效果进行检验。教学评价应立足于本教学模式设计的初衷,思考具体评价方法从而检验教学目标达成情况。

5. 教学条件设计

教学条件是指为保证教学模式实施、发挥教学模式作用、实现教学预期目标所需要的各种条件。因此,应该对教学模式的各个要素进行分析,为教学模式实施提供充足的条件。

6. 模式整合分析

科学的教学模式应该具有合理性、简明性和可操作性。笔者会对教学模式的各个要素进行整合,作出进一步分析。

四、基于思维导图的高中思想政治课程教学模式要素设计

尽管学者们对教学模式的概念界定不尽一致,但对教学模式构成要素的认识是基本趋于一致的。朱民认为,教学模式的构成要素包含教学思想或教学理论、教学目标、操作程序、师生组合。李如密认为,教学模式的构成要素包含理论基础、功能目标、实现条件和活动程序。何克抗认为,完整的教学模式应该包含理论依据、目标、条件、程序和评价五个构成要素。

在总结分析众人关于教学模式构成要素的基础上,笔者构建的基于思维导图的高中思想政治课程教学模式构成要素主要包括五个方面,即理论基础、教学目标、教学程序、教学评价、实现条件。

(一)教学理论基础

本教学模式主要以建构主义学习理论、人本主义理论、图式理论和可视化教学理论为指导和参照。

（二）教学目标分析

确定教学目标是高中思想政治课程教学的一个首要任务，教学目标决定着教育教学的总方向。在教学活动开始之前，政治教师对教学内容进行目标分析，体现了思想政治课程教学的价值取向。

《普通高中思想政治课程标准（2017年版2020年修订）》是我们确定教学目标的政策遵循和方向指引。文中指出，高中思想政治课的核心素养，主要聚焦于育人价值，即政治认同、科学精神、法治意识、公共参与这四个方面。学科核心素养实际上是基于基础知识和基本技能对三维目标的融合与超越，而不是对三维目标的完全否定和摒弃。因此，具体教学目标的制定应该聚焦学生思想政治学科核心素养的培养，对知识与技能、过程与方法、情感态度价值观目标进行整合。

基于思维导图的高中思想政治课程教学模式下的教学目标，是学生通过应用思维导图学习后达到的标准和结果的一种预期。结合思维导图的特征以及高中思想政治课程教学的特点，笔者认为，基于思维导图的高中思想政治课程教学模式下的教学目标应从三个方面进行设计。

1. 掌握必备学科知识，提高知识理解能力

就高中思想政治这一学科而言，学生要掌握的学科知识包括政治、经济、文化、生活蕴含的知识，包含一般的概念、原理、规律等。将思维导图运用到教学中，学生可以跟随着教师体验知识产生、发展和延伸的过程。通过对知识的同化和顺应不断更新学生的知识结构，在其头脑中形成结构清晰、逻辑合理的知识网络，真正理解并运用知识。

2. 培养探究能力，达成朴素的学科思维

一方面，基于思维导图的高中思想政治课程教学模式主要以学生自主研究、合作探究来绘制思维导图，因此，培养学生的探究能力是非常重要的。另一方面，政治学科思维是指通过对高中思想政治的体验、认知、内化的过程，来思考和解决问题的相对稳定的思维方法和价值观。学生可以运用思维导图来解决问题，以思维导图为有效工具筛选、鉴别解决问题所需要的信息和材料，在这个解决问题的过程中，不仅培养问题解决能力，更使思维活动得到巩固和加强。

3.实现政治认同,激发学习热情和兴趣

我国公民的政治认同,就是拥护中国共产党的领导,坚持和发展中国特色社会主义,认同中华人民共和国、中华民族、中华文化,弘扬和践行社会主义核心价值观。通过思维导图的应用,期望能够激发学生的学习热情和学习兴趣,增强学生学习高中思想政治这门学科的积极性和主动性。

(三)教学程序设计

1.课前准备阶段

课前准备包括教师备课和学生预习。

(1)教师备课(编制思维导图式教案)

做好课前准备,是每一位教师上好课的必备环节,也是优秀教师成长成才的必由之路。要想成功地上好一堂思想政治课,教师除了要熟悉教材内容、精心备课、在课堂上准确运用教学手段以外,还要在课前准备好教具、教学资源等。充分进行课前准备,一方面,能帮助教师有效厘清上课思路,提高课堂教学效果;另一方面,能帮助教师轻松应对课堂上的突发问题。

(2)学生预习

学生做好课前准备,是学好每节课的前提。对于学生,课前一般要做好新课预习,准备好课本与学习用品。第一,预习上的准备。上课之前,教师要求学生对所要学习的内容进行提前预习,明确哪些是自己不理解的内容,哪些是自己已经掌握的内容。而教师则需要在上课前对学生的预习情况进行检查。第二,物质上的准备。在一节课开始以前,教师应当要求学生提前准备好本堂课必备的书、文具、笔、笔记本等学习工具。

2.课堂学习阶段

课堂学习主要包括六个环节。

(1)回顾旧图,导入新课(新旧图建立联系)

在导入新课以前,师生利用前一节课绘制好的思维导图做简单回顾,对旧知形成概览。加涅认为,学习任何一种新知识与技能,都是以旧有

的知识和技能为基础的。因此,旧知的巩固与启动是尤为重要的。

高中思想政治知识是紧密联系在一起的,导入新课时,教师可以在上一节课已有的旧课思维导图的基础上进行扩展和延伸,形成新的思维导图,教师根据新的思维导图展开讲解。简单说就是,教师可以通过展示绘制完整的旧思维导图,对旧思维导图进行巩固,在此基础上,与新思维导图建立联系,即实现认知结构的同化和顺应,从而促进学生对新知识的认知渴求欲和知识探究欲,激发学生学习动机。

(2)教师讲解,提供思路(用思维导图突破重难点)

教师可利用课堂上10分钟左右的时间,对教学内容做讲解说明,在这个过程中,教师还要为学生绘制思维导图提供明确的思路,也就是要将教学内容中的各个概念、原理和规律解释清楚,使学生明确知识点之间存在何种关系。

(3)收集资料,自主构图

通过教师对基本知识的讲解,学生对课堂教学内容有了更深层次的了解,建构新的知识框架体系。这时,学生明确学习任务后,就要开始进行自主学习和探究,利用教材、辅导书等搜集与所学内容相关的信息,对这些信息作精炼和加工,并绘制个人思维导图。

(4)交流讨论,协作构图

为了进一步加深对知识的理解和认识,学生在经过自主探究和积极思考以后,要开展小组内的交流讨论。小组内的每个成员通过讨论、对话和协商的形式将个人绘制的思维导图以及其他有价值的信息与小组其他成员分享。通过小组讨论、师生互动,绘制小组的思维导图,进一步完善思维导图的每一个分支,扩展思维导图。

(5)成果展示,小组点评

思维导图制作完成后,每个小组派一名代表向全班同学展示绘制成果。汇报内容包括思维导图设计思想、包含哪些关键概念、知识之间如何建立联系、小组任务分配和协作情况等。通过学习其他小组的闪光点来弥补自己的不足,对自己进行反思。

在学生汇报的过程中,教师要做到认真听和耐心记,穿插进行点评。

通过听学生的汇报,了解学生的思路和协作过程,对欠缺之处给予有针对性的指导。

（6）总结巩固,拓展延伸

在课堂尾声,教师要对教学内容和学习过程做一个全方位的总结,帮助学生对所学知识有进一步深入认识,达到更加深层次的理解和把握。

3.课后巩固阶段

完善新图,升华知识。教师可布置本节课所需要的作业,让学生继续对思维导图进行完善,并利用思维导图检测自己对一节课的学习内容是否全部掌握。

（四）教学评价设计

教学评价是依据教学目标对教学过程及结果进行价值判断,检验教学目标达成情况。从评价主体多元化、评价内容多元化、评价形式多元化三个维度,对基于思维导图的高中思想政治课程教学模式的教学评价进行详细设计。

1.评价主体多元化

在教学评价中将学生自评、互评和教师参与评价相结合,在设计的教学模式中提出了主体性原则,不仅体现在学生积极主动地参与学习,还体现在学生进行自我评价。因此,基于思维导图的高中思想政治课程教学模式的教学评价,除了有教师评价外,学生自己也是教学评价的主体,参与到自我评价和小组互评中。

2.评价内容多元化

评价内容是教学目标的具体体现,只有设计全面综合的评价内容,才能检验教学目标的达成情况。因此,要立足"一维三层"教学目标,对全面综合的内容进行评价。

3.评价形式多元化

根据评价内容的广泛性和多元化,应该开展定量、定性、过程性与总结性评价相结合的多途径多形式评价。

（五）实现条件设计

教学实现条件是保证教学模式顺利实施并发挥应有效果，实现具体目标所需要的条件。主要包括教师、学生这两个主体，教学资源及教学工具等。

1. 教师

基于思维导图的高中思想政治课程教学模式顺利实施需要教师在教学中做积极引导，为学生提供良好的帮助和指导。

2. 学生

学生只有怀着热情的学习兴趣和积极的学习态度去学习，才能保证这一模式有效实施。

3. 教学资源及工具

教学资源包括教材、参考书、练习册、PPT课件等；教学工具主要包括思维导图软件、A4纸、彩笔、投影仪、高拍仪等。

五、基于思维导图的高中思想政治课程教学模式建构

遵循本教学模式建构的原则和思路，详细设计和阐述教学模式构成要素。其中，教学模式的关键理论受到了建构主义学习理论、图式理论和可视化教学理论的部分指导；并且教学模式提出了"知识学习—能力培养—积极学习兴趣和态度"三层教学目标；教学程序采用了三阶段、九环节进行设计；教学模式还采用了多元化教学评价，即评价主体、评价内容和评价形式的多元化；教学模式设计了为顺利实施教学模式的教学条件，包括教师、学生、教学资源及工具。这些要素具有不可或缺和不可代替的特性，它们相互联系又相互制约，有机地整合于教学模式之中。

（一）基于思维导图的高中思想政治课程教学模式应用注意事项

1. 需要合适的教学环境

新型教学模式的应用需要依赖一定的教学工具，教师需要有彩色粉笔和黑板，还要有投影仪和高拍仪。在多媒体教学中，教师还需要有计

算机和思维导图软件,对传统教学起到辅助作用。现如今,有多款思维导图软件可以使用,比如 MindMapper、MindManager,这些软件都简单方便、易学易用。当然,学生也需要准备若干不同颜色的彩笔和A4纸,便于在课上手工绘制思维导图。从这两个方面来看,本文研究的新型教学模式对教学环境的要求不是很高,这些教学工具都是非常容易满足和实现的。

2. 需考虑可操作性

本教学模式下的教学目标与教学内容和现有情况基本相同,不同之处在于教学方式和知识内容呈现方式。新模式中的教学方式更加灵活,知识内容的呈现形式更加注重逻辑性和条理性,各个教学步骤都具有较强的现实可操作性。绘制思维导图,重在把握思维导图的"魂",即思维导图表现的内容,所以无论对教师还是对学生而言只需要掌握最基本的绘画能力即可。

3. 需要熟悉思维导图

为了顺利开展高中思想政治课程教学,最重要的是让学生熟悉思维导图的绘制原则、绘制方法。在将思维导图应用于高中思想政治课程教学之前,对思维导图的有关知识进行讲授,从而营造良好的教学氛围。讲解内容主要包括以下方面:

思维导图是一种具有开发大脑潜能、培养学生发散思维的可视化工具,它能够帮助学生激发自己的创造力、想象力和记忆力。高中思想政治知识包括四本必修内容,分别为《中国特色社会主义》《经济与社会》《政治与法治》《哲学与文化》,学生理解和掌握零碎的知识比较困难,将思维导图应用于合作探究学习,学生合作绘制出相关思维导图,这一新型教学方式的实施首先要求学生熟知思维导图。笔者从以下方面用力:

(1)熟知导图,深刻理解

思维导图画出来一定要有美感,它有很多种类型,学生需要做充分了解,从而使学生绘制的思维导图不显单一,而是丰富且符合实际的。思维导图传入中国后,经过不断演进,类型变得越来越多,常见的思维导图主要有画圆圈(Circle Maps)、树状图(Tree Maps)、流程图(Flow Maps)、气泡圈(Bubble Maps),每种类型都是在不同的内容下适用的。

（2）有形有神，把握灵魂

高中思想政治课程的思维导图必须是学生亲自动手画的，必须是能够呈现学生思维的，也必须是符合自己记忆、理解习惯的。在自己制作的思维导图中，如果能够添加学生本人的想象力，赋予思维导图以生命会更加完美。学生在初次接触思维导图时，心中必须明白，使用思维导图时，即使画得再美、再富丽堂皇，如果没有把握好高中思想政治知识之间的逻辑关系，没有对教材了解透，也是没有意义的。

（3）重视合作，集他人智慧

在课堂上教师布置任务后，总会给学生留出5分钟左右的独立思考时间，再进行小组讨论探究。一节课仅有45分钟，如何才能有效地在最短的时间内绘制一张能够呈现自己对知识理解的思维导图，这时就需要学生利用团队智慧进行小组合作。每个组员对本节知识有了较为清晰的梳理后，通过小组讨论，再次不断完善。

（二）需要明确绘制原则

为了节约课堂时间，并将思维导图的作用充分发挥，教师应该提前做好相应的准备。

1. 时间分配要合理

在实际的高中思想政治课程教学中，高一学生一周仅有2～3节思想政治课；高二和高三的学生在选科后，每周有4～5节思想政治课。现如今，高中生的学习时间紧、任务重，因此思想政治教师要合理分配时间。

第一，教师要熟悉本节课所应用的思维导图内容，提前对绘制本堂课的思维导图所需要的关键词进行提炼，并且有针对性地做好课堂规划。教师要根据每一节课的特点，进行相应的时间安排，最优化地将传统讲授时间与思维导图绘制时间进行分配。哪一阶段的学习需要使用思维导图，哪一部分需要传统讲授，都需要提前进行大概的规划，形成良好的教学节奏。

第二，绘制思维导图的过程可以是学生之间进行"头脑风暴"，合作绘制思维导图的过程,在合作之中能够提升学生之间的合作能力。当然,课上绘制思维导图本身是非常耗费时间的,如果拿出时间来任由每个学生独自绘制思维导图恐怕会造成时间的大量浪费。同时,由于每个学生对课程理解程度不同,所绘制的思维导图可能会出现本末倒置等多种情况,教师又需要耗费大量时间协助学生修改。如此,会造成舍本逐末,重思维导图、轻课程学习的情况。所以教师可以将思维导图根据内容分配到学习小组,让学生以小组合作的方式共同绘制,如此既能够集思广益,也能够节省时间,达到事半功倍的效果。

第三,手绘思维导图是在没有条件的情况下作出的选择,如果学校具备相应的硬件条件,教师可以协助学生使用软件,在课后线上绘制思维导图,从而节省一部分时间。

2.制作过程要全面

制作过程的全面主要包括三个方面:

第一,确保内容全面。在学生绘制思维导图初期,教师需要尽量鼓励学生多写。在以一个关键词为中心进行思维扩散的时候,需要学生尽可能地将所学的内容大量填充进去,不拘泥于此时是否有用,而当填充了足够多的内容之后,才是下一步对思维导图进行完善的过程。这一阶段之中,学生之间可以在进行合作的前提下,不断对当前所填充的知识进行归类,并在归类的过程中,进一步查缺补漏,而归类的过程也是学生进一步理解自己所填充知识的过程,同时在这一过程之中,与同学、小组组员之间不断沟通、交流可以进一步确保内容的全面。保证不"缺斤少两"是思维导图绘制过程中非常重要的一点。

第二,思维联系全面。思维导图最重要的特点,就是不同关键词、不同内容之间类似人脑神经元一样的曲线连接。所以,在绘制过程中,不同关键词之间的思维联系需要做到全面。而且,尽量使用曲线对不同的节点、分支进行连接,与人脑神经元的树突和轴突更加类似,更易于思维的发散。而类似这样的细节,比如,将思维导图与各种色彩相搭配,能更好地利用人右脑对色彩敏感的特点来影响学生思维的发散,进而使学生在思考过程中产生火花。

第三,过程步骤全面。通常我们所说的思维导图绘制包括明确主题、关键词选择、发散思维、关键词拓展、分支拓展、箭头联系及涂色等过程。但是经历了这些过程之后,并不代表思维导图的运用就到此为止了。当思维导图的绘制结束之后,还需要及时进行小组内的讨论,以求能够借助其他小组成员的想法来进一步完善自己绘制的思维导图。只有确保每一项步骤都得到重视,才能够最大程度上绘制全面、完善的思维导图。

3.结果评价要及时

及时有效的评价是对学生当前知识的掌握情况和本次思维导图绘制情况进行有效的反馈。能够让刚刚经历了一场高强度学习的学生心态平复下来,对自己此前一段时间的学习发现问题、总结提升。是学生提高学习效率、教师提高教学质量的重要途径。在思维导图的运用之中,结果评价也是非常重要的一环,是学生对自己学习方式、思维导图绘制方式精益求精的重要体现。

第二节 基于思维导图的高中思想政治课程教学模式指导下的具体教学设计

以2020年版人民教育出版社高中思想政治必修二《经济与社会》第一单元第一课"我国的生产资料所有制"为例,阐述新型教学模式指导下的具体教学设计。

一、前期准备

对"我国的生产资料所有制"进行教学设计之前,首先需要做好前期准备,包括学习内容分析和教学对象分析。

(一)学习内容分析

"我国的生产资料所有制"是必修二《经济与社会》第一单元第一课的内容。这一课主要包括两大部分:一是公有制为主体,多种所有制经济共同发展;二是坚持"两个毫不动摇"。具体讲了马克思的生产理论,包括生产的四个环节,即生产、分配、交换、消费;还讲了广义的和狭义的生产关系,直接生产过程与生产总过程,产品的分配、交换和消费由生产决定。以此为基础,本课又介绍了生产资料所有制,包括经济制度和各种所有制经济的地位和作用等。

在教学内容上,体现了"三贴近"的原则,教材从最贴近学生的经济现象出发,层层深入,步步推进,一步步引出我国的经济制度、生产的四大环节。这一课重点引导学生思考社会主义财富是在什么样的基本经济制度下创造的。

(二)教学对象分析

学生主要的明显特征有:第一,学习热情整体良好,但大部分学生基础知识薄弱,学习能力较差;第二,高中思想政治学科不同于初中阶段的政治课程,由于刚接触这门学科,学生对知识的理解能力相对薄弱;第三,大部分学生学习态度较好,课上也能认真听课、记录笔记,但由于平时不接触社会生活,很难把课本中的理论知识与现实生活中的经济现象紧密联系起来。

由此看来,培养学生对基础知识的理解能力是非常重要的,学生要在识记知识的基础上,将所学内容建立有意义的联系,并将理论知识与社会经济现象联系起来。

二、新型教学模式指导下的教学设计

思维导图作为一种教学工具,期望它能提高教师的教学技能、改进当前教学现状[①]。接下来,将以第一课"我国的生产资料所有制"为例,以构建的新型教学模式为依据,从教学目标设计、教学程序设计、教学评价设计和教学条件设计这四个方面进行阐述。

(一)教学目标设计

"我国的生产资料所有制"这一课的教学目标,从三个层次,结合学习内容以及学习者特征分析,对具体的目标进行了详细设计。在掌握必备学科知识、提高知识理解能力的目标上,教师重点帮助学生识记生产

---

①王伟艳. 思维导图在小学高年级数学教学中的应用现状调查研究[D]. 烟台:鲁东大学,2021:17-24.

与消费的辩证关系、社会再生产四个环节、发展生产力的决定因素;引导学生理解我国大力发展生产力的意义;在培养探究能力、达成朴素学科思维的目标上,教师需要培养学生主动观察的能力、协作分析能力和应用发散性思维解决实际问题的能力;在实现政治认同、激发学习热情和兴趣目标上,教师重点帮助学生培养良好学习兴趣和态度,使学生坚定对我国生产资料所有制的认同。

(二)教学程序设计

1. 课前准备阶段

课前准备包括教师备课和学生预习。

(1)教师备课(编制思维导图式教案)

教师课前要精心备课、准备教具。通常情况下,传统教案和思维导图绘制的教案各有优缺点。一方面,传统的教学计划可以用更详细的文字介绍整个教学过程,从而帮助教师更好、更深入地了解教学细节,更深层次把握细节;另一方面,思维导图式教案最大的特点则是逻辑清晰、简单直观,从而帮助教师厘清备课的各个环节。

思维导图式教案囊括了教案主要内容,言简意赅。陈列备课所需要重点关注的问题,包括在学习《我国的生产资料所有制》这一课时,教师要重点关注本节课需实现何种教学目标、哪些是教学重难点、应用何种教学方法、对学情做简单概括、教学过程有哪些、使用何种教具以及板书设计。当然,考虑到传统教案和思维导图式教案各有千秋,在今后的教学中,教师可以视具体情况而定,具体情况具体分析。教师可以传统教案为主,辅之以必要的思维导图式教案,两者结合实现优势互补。

有必要补充,在教师进行教案设计时,一个重要的环节是板书设计。板书作为课堂教学的一部分,传达给学生最形象、最直观的教学内容。好的板书是教师对教材知识结构的正确梳理,能体现教学目的、表现教学重点,帮助学生更好地梳理知识结构,加深对知识的记忆和理解。

高中思想政治课常用的板书类型有提纲式板书、表格式板书、设问式板书、线索式板书、演绎式板书、归纳式板书。对板书的设计和应用,是一种教师课堂艺术的表现。提纲式板书可以呈现完整的课堂知识结构,简洁明了且具有较强的逻辑性,但在体现知识与知识之间的逻辑上略有欠缺;表格式板书适用于对两个或两个以上的知识点进行比较与分析,可以把零散的知识点按照一定的划分标准归纳好;设问式板书有利于充分发挥学生的主体地位,学生在教师的引导下自己去发现问题,但容易出现提出的问题过于简单和重复的现象;线索式板书、演绎式板书、归纳式板书最大的特点就是思路清晰、线条分明,各个知识点之间的逻辑关系一目了然,与思维导图有着异曲同工之妙。因此,思维导图可以应用于板书设计,一方面,能够保证完整呈现知识,保证知识结构整体性和完整性;另一方面,可以通过线条的关联使知识之间建立有意义的联系。

（2）学生预习

做好课前准备是学好每节课的前提。学生课前要做好新课预习,准备好课本与自己的学习文具。学生在课前依照学案进行有针对性的预习,从而帮助学生提前了解一节课具体需要掌握哪些内容。

2.课堂学习阶段

课堂学习主要包括六个环节。

（1）回顾旧图,导入新课（新旧图建立联系）

导入新课是在新课开始之前,教师采用多种方式引起学生集中学习注意、激发学生学习兴趣、明确学习方向、建立新旧知识联系,从而展开有意义学习的教学行为。案例导入、情境导入及复习导入是最常用的导入方法。三种导入方式各有特点,教师可以根据每堂课的授课内容进行选择,同时在合适的时机插入思维导图。接下来笔者分别在案例导入和复习导入中引入思维导图,进行新课讲授中导入环节思维导图应用的演示。

第一,案例导入中运用思维导图。比如,在必修二《经济与社会》第一课"我国的生产资料所有制"的导入中,我们可以利用当代年轻人消费者消费现象与过去消费者消费现象形成对比进行导入,引出本节课所要讲解的内容。教师可利用思维导图对过去和现在的消费现象形成对比,直观清晰地将变化和不同呈现在学生眼前,为本节课的新课导入起到锦上添花的作用。

第二，复习导入中运用思维导图。高中思想政治课很多内容在逻辑上都是相互联系的，学生不能孤立地对新课进行学习，通过复习导入的方式，能够为学生捋顺逻辑关系，摆明新旧知识之间的联系。在学习必修二《经济与社会》第一课"我国的生产资料所有制"这一节课以前，教师运用复习导入法导入新课，即在原有知识的基础上，在新旧知识之间建立联系。具体方法：首先，教师通过PPT展示前一节课的学习内容，学生在对上一节课的内容进行回顾之后，对上一节课所学知识做到深入总结与回顾，达到复习和巩固旧知的效果，并对思维导图进行不断的完善。带着疑问和对上节课知识的巩固，教师顺应引出本节课所要学习的内容。在进行新课导入时，运用思维导图并不意味着就不需要教师的讲解了，将二者结合起来，才能发挥更好的作用。一方面，教师能够以最短时间和较高效率引出新课；另一方面，教师能够以简洁明了的陈述和清晰明确的图式吸引学生的注意力，使学生快速进入新课学习。

（2）教师讲解，提供思路（用思维导图突破重难点）

新课讲授这一教学环节中，教师可以通过语言向学生传授知识，并达到开发学生智力、培养学生能力的目的，同时通过这一环节也可以结合学科知识对学生进行思想道德教育。教师可以根据教学需要在新课讲授环节运用思维导图，从而达到培养学生逻辑思维能力的作用。

讲授新课环节最重要的是突破教学中的重难点问题，教师找准重难点，并找到突破这些重难点的教学手段和方法是这一节课的核心所在，同时，介绍教学内容的重点和难点是教学活动的关键所在。介绍重点，主要针对的是这个问题为什么是重点，它在本节课中的地位和意义是什么；介绍难点问题时，要讲清楚这个问题难处何在，它在本节课中处于什么地位，解决这个问题对解决其他问题有什么作用等。教师通过讲解讲清楚这些问题，学生从中不仅能够了解到本课的知识，更能进一步发散思维、培养逻辑能力，进一步升华至学习能力上，达到授人以渔的效果。由此可见，教师向学生科学地讲解教学重点和教学难点是尤为重要的。

如何利用短短的课上时间引导学生在烦琐的知识中突破重点、明确难点，这既是一种教学技术更是一门教学艺术。笔者希望通过思维导图辅助传统教学方法,对于教学重难点的打开和突破起到优化作用。例如,教师在前期充分备课、课堂导入后进入了详细的新课讲授环节,首先最重要的是讲解重难点,教师可利用带有空白内容的思维导图帮助学生突破重难点,通过对本课内容的联想式思维扩散,多问"为什么、是什么、怎么办",从而达到引发学生主动思考、促进思维逻辑锻炼的目的。

另外,值得注意的是,根据思维导图在高中思想政治教学中的适用性原则可知,并不是所有的教学重难点都适合用思维导图来讲解,关系类的知识点更加适合用思维导图来呈现和突破。因为,思维导图可以将较为全面的知识点展现出来,有利于学生辨别其中的关系。

(3)收集资料,自主构图

通过教师对基本知识的讲解,学生对课堂教学内容有了更深层次的了解,师生对新课内容就建构了整体框架体系。这时,学生要绘制个人思维导图。

(4)交流讨论,协作构图

合作探究学习是新课程改革倡导的一种学习方式,有效运用合作探究学习能让学生在探究合作中主动获取知识、应用知识、解决问题。通过组内成员的交流讨论,每个成员展现自己的思路,最终形成小组内的有关"我国的生产资料所有制"的思维导图。组织小组进行合作探究的过程中,教师要给学生10~15分钟的时间进行讨论。其间,教师还要在班级内走动,对有疑问的小组给予指导。小组讨论10分钟左右,讨论和交流生产与消费存在的关系、我国的基本经济制度、经济要素之间的关系等问题。其中,每个小组由一人负责记录组员的想法,最终合作形成组内有关"我国的生产资料所有制"的思维导图。

(5)成果展示,小组点评

教师将每个小组绘制的思维导图拍照上传至投影屏幕,首先让小组代表对自己小组的思维导图进行汇报,解释和说明自己的思维导图包含哪些内容,绘制的原则、绘制的目的。然后,小组之间进行评价与反馈,最终教师再给予评价,并给出建议。每个小组在听到其他小组和教师给出的点评时,要进行详细记录,以帮助修改和完善自己组内的思维导图。

（6）总结巩固，拓展延伸

通过课堂小结，我们的目的是达到归纳总结，使学生对所学知识形成系统。归纳总结要求我们作出的小结必须全面、简洁、完整，能够强化学生学习。通过思维导图的运用，期望教师能够有效地帮助学生明晰本节课的重点和难点，并且形成带有逻辑性的知识框架。在一堂课的收尾环节，还要进行巩固练习。目的是落实本堂课知识，并对学生进行能力培养。这一阶段教师可以根据本堂课所学知识，设置一些知识运用环节、能力检验环节，让学生相互之间进行"头脑风暴"。需要特别注意的一点是，在授课之中，并非必须全程以思维导图贯穿下来。一名经验丰富的教师能够根据不同教学内容适时选择好自己应该在哪一个方面运用思维导图。当然，何时应用思维导图、如何将思维导图与教学有效贯穿，还需要教师不断研究与探讨。

3. 课后巩固阶段

完善新图，升华知识。教师布置有关"我国的生产资料所有制"所需要的作业，让学生继续对思维导图进行完善，并利用思维导图检测自己对一节课的学习内容是否全部掌握。

（三）教学评价设计

依据评价主体多元化、评价内容多元化、评价形式多元化三个原则，对"我国的生产资料所有制"教学评价进行详细设计。本节课，教师主要通过标准化测试、观察记录的评价形式进行教学评价。

1. 标准化测试

在一节课结束以后，教师布置课后检测题目，要求学生在不参照任何资料的情况下作答。

2. 课堂观察记录

为了更好地反思和评价每节课的教学情况，教师要力所能及地在课堂上对学生的学习情况做有针对性的记录，并在课后完善观察记录表，通过观察记录表了解一堂课的具体情况。

(四)教学条件设计

为保证教学模式顺利实施、发挥教学模式效力、实现"我国的生产资料所有制"这一节的教学预期目标,笔者在这里作出详细说明。

1.教师

教师在课前认真备课,在教学过程中做积极引导,为学生提供良好的帮助和指导。

2.学生

学生在课前认真预习,课上教师要调动学生积极性,学生只有怀着积极的学习兴趣和学习态度去学习,才能保证这一模式顺利实施。

3.教学资源及工具

教学资源包括教材、参考书、练习册、PPT课件等;教学工具主要包括A4纸、彩笔、投影仪、高拍仪等。笔者在授课前对每节课制作相应的PPT课件。

第三节 基于思维导图的高中思想政治课程教学模式应用的效果验证

为了对基于思维导图的高中思想政治课程教学模式的应用效果进行验证,将设计的教学方案应用于教学实践并进行准实验研究,通过对新型教学模式应用和不应用于高中思想政治课程教学,分析差异以确定思维导图应用于高中思想政治课程教学的实践效果。主要阐述整个准实验的设计和实施过程,并对实验结果进行直观的数据分析。

一、实验设计

(一)实验目的

本实验的主要目的在于了解思维导图应用于高中思想政治课程教学后,能否真正产生一定的价值,能否帮助学生提高知识理解能力。首先,通过对所教班级学生高中思想政治课程成绩的分析,明确思维导图应用与否,学生对劣构问题作答情况的差异。其次,通过分析学生对思维导图应用于高中思想政治课程教学的态度,明确学生对思维导图的认可度、对思想政治课程学习的情感态度有何变化。

（二）实验内容

按照教育部门的相关规定,高一新生入学后的第二学期,对于高中思想政治这门课程的学习从必修二《经济与社会》开始。因此,在规定的教材基础上,进行思维导图应用于高中思想政治课程教学的实践,用以验证新型教学模式的有效性和价值性。

（三）变量分析

在本次实验研究中,主要涉及的变量有自变量(X)、因变量(Y)和无关变量。

第一,自变量(X)是指基于思维导图的高中思想政治教学模式。本次实验对象的两个班级即高一(4)班和高一(7)班由同一授课教师执教,在实验过程中,对两个班级采用不同的教学模式进行实验,最终分析思维导图的应用能否带来教学效果的变化。其中,在高一(4)班引入思维导图进行教学,高一(7)班采用传统的模式进行教学。因此,本实验的自变量为教学模式。

第二,因变量(Y)是指在实验实施过程中由于自变量的改变而引起实验对象的变化以及变化产生的结果。本次实验研究中的因变量指学生的知识理解能力、学习效果和情感态度。学生的思想政治学科成绩能够在很大程度上反映学生对知识的理解程度与水平和学习效果。学生对思想政治学科以及思维导图的情感态度变化可以通过调查问卷和访谈的方式获得数据。

第三,无关变量是指在实验过程中,与研究内容无关但却又会对研究结果产生影响的变量。在本次实验研究中,为了对无关变量实现统一化控制,主要采取了如下措施:所选取的实验班与对照班学生数量都在55人左右,数量接近;性别比例差异相对较小;每周的课时数相同,都为每周4节政治课;教学内容同步,教学软硬件配套设施等方面完全一致;授课教师均由同一人所担任,保证教学师资一致。

(四)实验假设

本研究所设计的新型教学模式,即基于思维导图的高中思想政治课程教学模式,相对于传统教学模式而言,能够更好地帮助学生学习高中思想政治这门课程,产生良好效果。因此本次实验研究提出了如下假设:

思维导图的应用能够使学生有效记忆政治知识,理清知识脉络,完整构建知识体系,从而明显提升学生的知识理解能力[①]。

思维导图的应用能够提高学生的学习积极性和主动性,增强学生学习高中思想政治这门课程的热情和信心。

思维导图的应用能够帮助教师在教学上实现游刃有余,准确把握教学环节,从而使教学效果得到提升。

(五)实验对象

本次研究选择的对象是某学校的高一学生,由于学生一入学,根据性别、成绩、人数等各方面因素平行分班,所以高一每个班级各方面差异较小。选取了任教班级中的两个班级作为研究对象。将高一(4)班作为实验班,高一(7)班作为对照班。这里需要说明的是,之所以选择这两个班级作为实验对象,是出于以下几个方面的考虑:①高一学生入学时,整个级部是按照入学成绩均衡分配学生的,这两个班级的学生入学总成绩相对均衡且人数相当。②经统计发现,两个班级在男女性别比例上差异不大,其中高一(4)班共28名女生,27名男生,高一(7)班共26名女生、30名男生。③高一(4)班和高一(7)班的思想政治课由同一名思想政治教师担任。

(六)实验模式

在本次实验中,所选择的学生在人数及性别、学习水平等各个方面基本相同,并且是在真实的教育场景进行的。因此,笔者采用单因素非对等准实验模式。首先在实验开始之前,笔者先对学生的政治学习情况进

---

①张怡. 思维导图在高中历史教学中的应用[D]. 延安:延安大学,2021:10-14.

行了测试,并对测试具体结果进行了详细的分析。其次在本次实验完成后,即一学期过后,又对新的学习情况进行测试,得出新的测试结果,以此来作为实验前后对比情况进行分析,最终得出实验结果。

O_1 表示实验班前测的学生思想政治学科学习成绩,X_1 表示实验班的实验处理,也就是将基于思维导图的高中思想政治课程新型教学模式应用于高中思想政治课程教学中,O_2 表示实验班后测的学生思想政治学科学习成绩;O_3 表示对照班前测的学生思想政治学科学习成绩,当然,对照班不采用新型的教学模式,依然采用传统的教学模式,O_4 表示对照班后测的学生思想政治学科学习成绩。在为期一学期的教育实验结束之后,通过对比实验班的前测 O_1 与对照班的前测 O_3、实验班的前测 O_1 与后测 O_2、对照班的前测 O_3 与后测 O_4、实验班的后测 O_2 与对照班的后测 O_4,以探究将思维导图应用于高中思想政治课程教学以后,实验班自身前后的教学效果变化情况、实验班与对照班的后测思想政治学科成绩差异,来验证实验假设,得出最终的实验结论。

在此次教育实验中,具体的工作主要包括以下部分:

第一,从所教班级中选择两个班级作为实验研究对象,其中高一(4)班作为实验班,高一(7)班作为对照班。对这两个班级在思想政治学科成绩上做出前测,分析实验前的学生成绩。

第二,除了通过测试卷对实验班和对照班进行前测外,笔者还设计了调查问卷,对实验班高一(4)班进行问卷调查。问卷调查进行两次,时间分别是实验前和实验后,且使用的问卷为内容完全相同的一份问卷。通过对比问卷数据来分析应用思维导图前后学生的态度变化和主观感受。

第三,在实验过程中,高一(4)班采用新型教学模式,即将思维导图应用于高中思想政治课程教学,高一(7)班采用传统的教学模式,实验结束后通过调查问卷和测验考试成绩来统计数据信息。

第四,对实验得出的所有数据进行统计分析,验证实验假设,得出最终的实验结论。

二、实验过程

(一)学生成绩前测

实验中所用的测验试卷是由临淄区高一思想政治学科命题组编制的联合命题卷,因此可以认为试卷在难度、信度、效度等方面是可以保证的。

第一,通过对高一(4)班和高一(7)班的测验成绩对比可知,这两个班级的成绩分布情况大致相同,但就同一个班级内部而言,学生的成绩差距相对较大,比如高一(4)班在本次测验中最高分为79分、最低分为28分,相差51分;高一(7)班在本次测验中最高分77分、最低分29分,相差48分。

第二,通过对高一(4)班和高一(7)班的测验成绩对比可知,成绩在70～80分这一高分数段的学生,高一(7)班多于高一(4)班。同样,成绩在20～40分这一低分数段的学生,高一(7)班也是多于高一(4)班。

第三,通过对这两个班级的测验成绩进行对比可知,高一(4)班学生和高一(7)班学生的成绩大多在45～65分之间,这一分数段的人数占全班人数的二分之一以上。

在对这两个班级的前测成绩进行SPSS统计检验后,可以看出两个班级在前测成绩中平均得分十分接近,水平相当,分别为52.34分、53.83分,当然高一(7)班平均分略高于高一(4)班,相差0.49分。对应的P值为0.214＞0.05,则说明,在思维导图应用于高中思想政治教学之前,实验班级高一(4)班与对照班级高一(7)班的思想政治学科成绩不存在显著差异。根据平均分、标准差等相关数据可以强有力地说明以这两个班级作为研究对象,可信度相对较高,因而符合本次实验研究的基本要求。

(二)调查问卷分析

笔者设计了自编问卷,采用克隆巴赫系数,对实验班最初填写的《关于在高中思想政治课程教学中运用思维导图情况的调查问卷》所得的前测数据进行信度分析,本问卷的克隆巴赫系数值为0.816,该数据能够反映本次问卷信度较高。

对问卷进行效度检验得到的 KMO 值为 0.717 大于 0.5，表明本次问卷所得数据可以做因子分析；Bartlett 的球形度检验结果所得 P 值为 0.000 小于 0.05，表明本次问卷有效。

（三）实验实施

在本次实验中，以高一年级教学内容为基础开展为期一学期的教育实验研究，根据前期制订的教学方案，明确教学实验中的各变量和实验假设之后，将基于思维导图新型教学模式应用于实验班的高中思想政治课程教学中。对照班级高一(7)班与实验班级高一(4)班教学内容一致，但依然只进行传统教学。实验结束后，以期末临淄区教研试题为测量工具，再次对两个班级的成绩进行测量获得实验数据并进行统计分析。通过对比，以检验基于思维导图的高中思想政治课程教学模式的有效性和价值。具体情况如下：

第一，期末测试卷依然使用临淄区教研组试题，试卷的题目主要包括三种类型，分别是选择题、简答题、综合分析题。通过对期末测试卷成绩分析，对高一(4)班和高一(7)班学生一学期后的知识掌握情况、知识理解能力、运用和迁移知识水平、综合分析问题情况作出相应的判断。

第二，对高一(4)班即实验班的学生进行问卷调查，了解学生关于思维导图应用于高中思想政治课程教学后的感受，问卷内容主要从思维导图和思想政治课程教学两个维度进行设计，用于了解学生对思维导图应用于高中思想政治教学的主观感受和认知态度，以及分析学生对这种新教学模式引入后，对于思想政治这门课程的态度和评价。问卷的第一部分用于了解学生的主观感受，如学生能否接受思维导图，对思维导图应用于高中思想政治教学有什么想法，对思维导图应用于思想政治课程教学提出良好的建议等等。问卷的第二部分主要针对学生在运用思维导图前后的情感变化，比如学生对学习思想政治学科的信心等。

三、实验结果检验

（一）学生成绩分析

1.试卷总成绩分析

根据实验后学生成绩的T检验分析可知，实验班级即高一（4）班的平均分为60.92分，对照班级高一（7）班的平均分为52.11分。在平均分上，实验班级比对照班级高出8.81分，说明实验班学生在为期一学期的新型教学模式实施下，成绩普遍高于对照班级。对应的P值＜0.05，则表示实验后实验班与对照班的思想政治学科学习成绩的水平之间存在显著差异。

同时，在对两个班级的后测成绩进行分析后发现：第一，高一（4）班平均成绩较高一（7）班平均成绩而言有显著提高。第二，在期末测试中，40～60分这一分数段之间，两个班级的差异相对明显。第三，高一（4）班有两位学生在期末测验中成绩在80分以上，这是前期测验没有出现的，另外，无论处于哪个分数段，高一（4）班成绩均优于高一（7）班的成绩。因此，从一定程度上说明思维导图的应用对思想政治课程教学有了一定的作用和效果。

2.劣构问题作答情况分析

在对学生后测成绩进行分析时，为了科学客观地了解学生知识理解能力的水平，笔者重点分析了学生在回答劣构问题时的作答情况，深入分析两个班级的知识理解能力差异。在这里，笔者将试题第三部分综合分析题的作答情况进行详细论述。

上半年期末测试试卷第三部分为综合分析题，共有两道大题，分别考查学生对必修二第二单元和第三单元的掌握情况。在阅卷过程中发现，学生在基础知识、审题能力和答题规范方面存在或多或少的问题。

综合分析题对学生各方面的考察更加深入科学，总体上看高一（4）班对综合分析题的作答情况明显好于高一（7）班，存在问题相对较少。首先，就基础知识方面而言，高一（4）班存在问题的学生占比数为班级总人数23%，高一（7）班占比数为31%，两个班级差距较大。其次，就审题能力方面而言,高一(4)班有82%的学生能抓住设问中的关键信息,也能获取材料中隐藏的信息。而高一(7)班有37%的学生审题流于形式,不能准确把握题目。最后,就答题规范方面而言。两个班级存在问题的学生数量差距较大,高一(7)班有29%的学生作答时答案要点不严谨、缺乏逻辑顺序。

期末测试卷第29题满分为13分,第30题满分为12分,对两个班级作答平均分进行对比发现,高一(4)班在这两个题目的作答上明显优于高一(7)班的答题情况。对29题,高一(4)班平均得分比高一(7)班高出3.98分。对20题,高一(4)班平均得分比高一(7)班高出3.17分。由此看来,实验班即高一(4)班学生的知识理解能力相对较好,一定程度上说明思维导图的应用对思想政治课程教学有一定的作用和效果,且新型教学模式是科学有效的。

(二)问卷调查结果分析

本次实验研究为了能够更好地了解学生对思维导图应用于教学的态度和体验,以及了解教师在应用新型教学模式后,学生对思想政治学科的态度变化,对高一(4)班进行了问卷调查,调查时间分别是学期初和学期末,通过前后对比更加客观地了解学生的情感变化。笔者对调查结果进行了详细的记录和分析,并将统计结果做了总结。具体如下:

问卷第一题,主要了解学生在思想政治课堂上对于学习内容表现出什么样的态度和体验。通过数据可以看出,无论在前测还是后测中,大部分学生对思想政治课堂上学习的内容都具有喜欢的态度,当然也有极少数的学生对学习的内容表现出不强烈的排斥感。实验前期,"非常感兴趣"和"感兴趣"的比例占到47.8%,经过一学期的教学后,"非常感兴趣"和"感兴趣"的比例达到67.7%,不可否认,当思维导图应用于高中思想政治课程教学后,学生对政治课堂上学习的内容在情感上有了向好的转变,由此说明,基于思维导图的高中思想政治课程教学模式可应用性较强,并且能够被大部分学生接受和认可。

问卷第二题,主要了解学生在课堂上的注意力是否集中。思维导图应用于高中思想政治课程教学后,吸引了学生听课的注意力,当然无论在前测还是后测中,都有部分学生在高中思想政治课堂上表现出注意力不集中的现象。前测中,"不集中"和"非常不集中"的人数达到全班人数的14.9%;后测中,"不集中"和"非常不集中"的人数达到全班总人数的12.7%。由此看来,如何提高学生课堂上的注意力也是一个值得教师关注和思考的问题。

问卷第三题,主要考查学生对于每节思想政治课的学习内容是否有明确的认识、是否有明确的目标。当然学生是否有明确的目标与教师是否引导学生、给学生指明方向有非常关键的联系。

笔者认为,学生对课堂学习目标是否明确,最重要的是教师首先要明确每节课的教学目标。在思维导图应用于高中思想政治课程教学后,笔者在备课中对课堂每个环节做到了条理清晰,课上通过简单明了的导入使学生准确了解学习目标。尽管实验时间为一学期相对较短,学生对课堂学习目标的明确程度有所提升,后测中"非常清楚"和"清楚"的总比例达到60.5%,相比前测中"非常清楚"和"清楚"的比例提高25.5%。

问卷第四题的设置主要是为了了解学生对思想政治这门学科的学习态度和情感状况,选项共有4个,包括"非常积极""比较积极""比较被动""态度完全消极"。

面对高中紧张的学习状态,高一(4)班学生对思想政治这门学科始终保持着积极的学习态度,这一点是值得肯定的。通过一学期的教育实验,对思想政治这门学科"非常积极"和"比较积极"的态度均有所提升。笔者认为,这与思维导图的应用是分不开的。

问卷第五题,主要考查学生对学习思想政治这门学科的信心度如何,了解学生有没有信心克服思想政治课程学习中的困难和挑战。在笔者看来,学生学习思想政治学科的信心度和日常学习中解决学习困难的方法有至关重要的联系。不论在学习中遇到什么难题,如果学生有一套解决问题的思路和方法,再难的题目都会迎刃而解。比如,在解答高中阶段思想政治主观题时,无论材料多么新颖多么复杂,如果学生能够对题目中给出的材料进行分析和概括,并将材料与课本中的知识进行迁移,就会很快找准答题思路和所需要的答题要点。

思维导图应用于高中思想政治课程教学以前,学生对克服思想政治学科中的困难和挑战表现的状态不容乐观,其中有27.2%的学生表现出"焦虑担心"的状态。一方面,高中思想政治这门学科知识点较多,学生记忆起来难度确实较大。另一方面,学生如果单纯的只是死记硬背,认为只要记住知识点就能在考试中得到高分,现在看来这是一种错误的认识。思维导图应用于高中思想政治课程教学后,有利于学习者理解知识,有利于学习者总结知识,有利于快速记忆知识并对知识进行应用,这就给学生带来了极大的帮助,也增强了学生学习这门课程的信心。

问卷第六题至第九题主要从思维导图的角度来对学生进行考察,首先笔者了解了学生对思维导图的认识程度,在实验实施以前,设置这一题目主要是为了了解学生对思维导图的认知情况,为后期学习思维导图奠定基础。在前测中,班内大部分学生对思维导图并不是很了解,因此笔者在开始实验以前,首先针对思维导图的相关知识对学生开展了一次系统的讲解,包括思维导图的概念、绘制原则、绘制方法等。在此基础上,笔者才开始了为期一学期的教育实验研究。当然在整个研究过程性,老师也对学生绘制思维导图进行明确的指导,使得学生对思维导图有全面系统的认识和把握。

问卷第七题,主要考查学生对思维导图是否感兴趣,学生对思维导图是否感兴趣与对思维导图的了解程度有着必然的联系。在前测中,部分学生表示感兴趣,也有极少数的学生持有"无所谓"的态度。经过一学期的学习,对思维导图"非常感兴趣"和"感兴趣"的学生占全班总人数的98%。

问卷第八题,主要从思维导图的价值和有效性来考查学生对思维导图的认知情况。笔者在这一题目中设置了4个选项,包括"非常有帮助""有帮助""效果一般""毫无帮助"。这一题目的设置重在了解学生在应用思维导图后的态度,因此不再以柱状图的形式展示作答情况,这里重在展示后测情况。

问卷第九题为多选题,目的是了解学生对思维导图有效性的看法和态度。笔者设置了5个选项,分别为"提高学习成绩""建构知识体系""加深知识点记忆""快速整理笔记""没有帮助、浪费时间"。这一题目重在关注后测情况。

根据调查统计结果可以发现,高一(4)班的学生对思维导图在高中思想政治课程教学中的应用的作用有着自己的看法和态度。其中,高一(4)班有87%的学生认为思维导图有助于提高自己的政治学科学习成绩;有78%的学生认为思维导图能够帮助学生构建知识体系,对思想政治学科有总体的认识:有85%的学生认为思维导图应用后,能够帮助他们记忆思想政治知识点,提高记忆效率和质量;有65%的学生认为使用思维导图后,他们整理笔记更加方便快捷,笔记的清晰度显而易见。总之,由调查统计得出,思维导图的可应用性较强、价值较高,并且能够被大部分学生所认可和接受。

问卷的第十题是一个开放性题目,笔者主要是想了解学生们在经过一学期的政治课程学习后,对教师的授课方式有哪些意见和建议。对作答情况进行统计后整理得出如下答案:第一,学生认为,实施新型教学模式以后,教师的教学方式明显发生了改变。多元化的教学方法增强了学生学习思想政治这门学科的趣味性,对原本枯燥无味的理论知识有了良好的记忆方法。直观的教学方式提高了学生学习思想政治这门学科的积极性。第二,学生认为,自己在思维导图教学模式下,能够在轻松的思维状态下进行独立思考,由浅入深地对知识点进行理解和概括。第三,学生希望在今后的思想政治课程学习中,教师对学生绘制的思维导图给予更加详细的指导和评价,从而引导学生不断进步。

(三)访谈结果分析

除问卷调查外,随机抽取高一(4)班的10名学生进行了面对面的访谈,并笔录了访谈内容。

问题一:初次全方位深层次接触思维导图,你认为它对你学习政治这门课程有帮助吗?

问题二:经过一学期的政治课程学习,你觉得学完这门课程自己有什么进步?

问题三:你对老师的教学能否给出自己的想法和意见?

对受访者观点的总结如下：

第一，所有接受访谈的10名学生都认为思维导图的运用或多或少帮助了他们有效地学习高中思想政治这门课程，更加深入地理解政治知识。

第二，思维导图在一定程度上帮助学习者提升了学习高中思想政治课程的积极性，当然对于学习基础相对薄弱的学生来说，他们认为思维导图的运用更多的是吸引自己在课堂上认真听课，但还是不知道具体该在何时运用思维导图、怎样运用思维导图。因此，教师还应进一步深入思考该如何精准施策，帮助不同学习能力的学生准确应用思维导图。

第三，一部分学生认为只有在教师的引导下自己才会应用思维导图做总结思考，脱离了教师的指导，自己亲自动手去绘制思维导图时还是相对比较困难的。被访谈者希望在将来的思想政治课程学习中，教师可以有效地给予学生帮助和指导。

（四）实验结论

经过为期一学期的实验研究，通过分析总结得出结论如下：

通过对实验数据进行分析，得出本次实验结论。本研究所设计的新型教学模式，即基于思维导图的高中思想政治课程教学模式，相对于传统教学模式而言，能够更好地帮助学生学习高中思想政治这门课程，产生良好效果。

第一，思维导图的应用能够使学生有效记忆政治知识，理清知识脉络，完整构建知识体系，从而提升学生的知识理解能力。

第二，思维导图的应用能够提高学生的学习积极性和主动性，增强学生学习高中思想政治这门课程的热情和信心。

第三，思维导图的应用能够帮助教师在教学上实现游刃有余，准确把握教学环节，从而使教学效果得到提升。

参考文献

一、专著

[1]樊伟.坚持深化教育改革创新[M].北京:中国人民大学出版社,2021:47-55.

[2]郭宏,王柏文,马凤龙,等.中学思想政治品德探究课程设计与引领[M].长春:吉林人民出版社,2012:217-220.

[3]黄强.微课制作与创新教育[M].哈尔滨:哈尔滨出版社,2020:36-42.

[4]梁哲.翻转课堂校本化研究[M].长春:吉林人民出版社,2019:25-36.

[5]刘复兴.坚持把服务中华民族伟大复兴作为教育的重要使命[M].北京:中国人民大学出版社,2021:50-65.

[6]刘志军.教育学[M].北京:高等教育出版社,2011:125-132.

[7]孟繁华.坚持把教师队伍建设作为基础工作[M].北京:中国人民大学出版社,2021:61-68.

[8]张耀灿.思想政治教育学科建设研究[M].北京:中国人民大学出版社,2017:297-298.

二、期刊

[1]高陆军.微课在思想政治课教学中的应用[J].中学政治教学参考,2020(10):17-18.

[2]李闯.加强生命化教育,构建高中政治智慧型课堂[J].华夏教师,2019(28):70-71.

[3]曲烽,宋明瑶.高中政治课教学中微课的应用策略[J].鞍山师范学院学报,2019,21(1):95-101.

[4]沈成玫.浅谈新课改下高中政治教师的创新教学[J].新课程(中学),2015(12):81-85.

[5]孙文桥.翻转课堂在高中政治课堂教学中的应用[J].西部素质教育,2019(20):107,109.

[6]王医术,刘静华,石英爱,等.云端智慧课堂的构建与实施[J].国际老年医学杂志,2022,43(3):260-262.

[7]张凤.培养高中政治教师创新能力的对策[J].知音励志,2017(4):119-124.

[8]郑艳苹.善用智慧课堂 优化政治教学[J].中学政治教学参考,2021(13):39-41.

三、学位论文

[1]冯立波.中国企业精神的哲学自觉[D].长春:东北师范大学,2021:55-60.

[2]黄晶晶.辨析式教学在高中思想政治课中的应用研究[D].桂林:广西师范大学,2021:33-34.

[3]王书鸣.微课在高中思想政治课教学中的应用研究[D].信阳:信阳师范学院,2021:17-23.

[4]王伟艳.思维导图在小学高年级数学教学中的应用现状调查研究[D].烟台:鲁东大学,2021:17-24.

[5]向怡颖.基于高中思想政治活动型课堂的学生公共参与素养培育[D].成都:四川师范大学,2021:18-23.

[6]张世慧.翻转课堂在高中思想政治课教学中的应用研究[D].武汉:江汉大学,2021:15-20.

[7]张怡.思维导图在高中历史教学中的应用[D].延安:延安大学,2021:10-14.